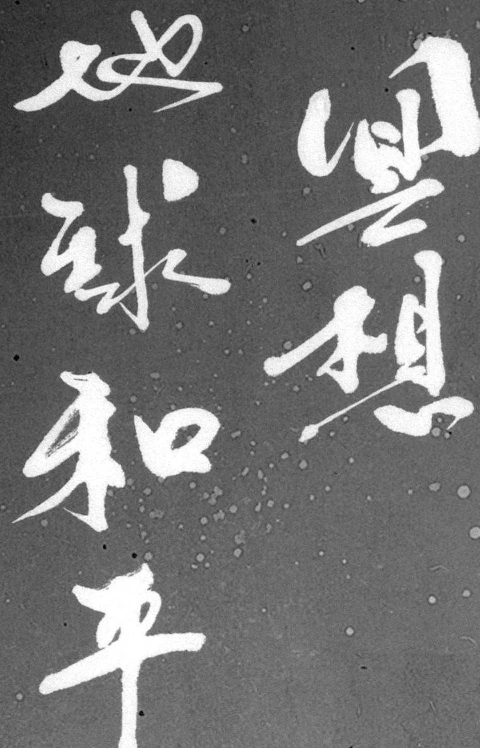

Earth Peace • Meditation

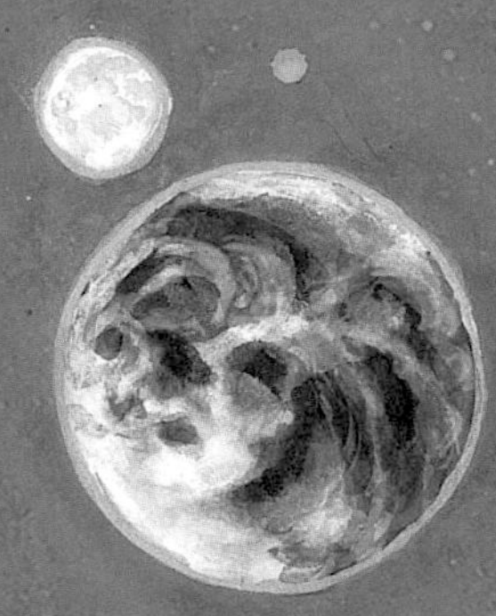

目錄

推薦序

大佛與大願

二〇一五年，洪老師親自手畫的世紀大佛白描圖完成，我應邀到高雄參加開展典禮，和一群關心地球，追求和平的朋友們共同分享了這個開啓和平大道的殊勝旅程！二〇〇一年阿富汗巴米揚大佛一夕之間被炸毀，令世人震驚又惋惜！洪老師發願決定要爲人間留下一尊更大的大佛，希望能藉此變轉人心，帶來全世界的幸福與和平！這是一項跨越文化、宗教、種族、時空藩籬且牽動全人類心靈交流與融和的世紀創舉！

追求一個和平地球的未來，是深植在每一個人內心的普世價值。人與人之間彼此秉持相互尊重、包容、關愛的精神，就能共同攜手建構我們的和平地球！

大佛畫光是上色，就使用了一整座標準游泳池的顏料，這是一項難以想像的大工程。虔心凝視大佛畫像，人人可以自然而然地感受到洪老師內心浩翰澎湃的熱情與願力。

大佛佛頭代表太陽系的顯現，佛身則是描繪銀河系的意趣，整個宇宙穹蒼闊然展現，引導世人觀想，得窺幽然三千大千世界的一隅，體會趣入佛陀心包太虛的深邃平和境界！

洪老師用他的眞心與畫筆混然和一，在大地上創作出如此的巨作，爲地球與世人祈福，實在令人讚嘆！洪老師的大佛巨作示現，油然展現他的悲心與願心，勢將牽動喚起全人類及地球的回響與鼓舞，爲所有人帶來心境的和平！

大佛全畫即將完成，計劃在五月九日開始在高雄展出，並將邀集各界宗教團體共同爲「和平地球」的理念祈福祝禱。許理事長勝雄兄受到大佛爲人間帶來的和平能量所感動，籌組〈和解台灣 ● 和平地球〉推動委員會，並邀請我出任榮譽主任委員，期待以大佛的慈悲智慧與威德力的示現，做爲全世界人心和解，世界和平的廣大平台！

期待大佛慈悲和平精神遍布世界，賜福各地，把台灣的祝福帶到全世界，也讓全世界的祝福迴向台灣，共創未來人間淨土！

值此大佛展開展，洪老師將他的和平理念整理著書付梓，樂爲之序。

〈和解台灣 ・ 和平地球〉推動委員會　榮譽主任委員

前立法院院長　王金平

推薦序

和解與幸福

與洪老師結緣，始於二〇一三年洪老師爲不丹前總理出版的新書：《幸福是什麼：不丹總理吉美・廷禮國家與個人幸福力26講》，與工總共同舉辦「幸福企業論壇」。當時書中有一段文字特別觸動我心：「知識和力量若未伴隨著同理與苦難之心，將成爲危險的能力。科技發展若與了解世間苦難和悲憫之心背道而馳，亦可能走上歧途」。

近年來台灣的發展方向，一直依循著「先進技術、智慧資本、創新研發」等價值主軸來展開；各地區在展示發展狀況時，也多聚焦於各種交通建設、硬體設施、國民所得、經濟成長率等；我們用各種亮眼的經濟數字證明了我們是已開發國家，但是若反過頭來問一問大多數的民眾快不快樂？很顯然的台灣可能還不足以稱爲已開發國家。而追求幸福是人類的本能，冷冰冰的經濟數字，終究還是不如有感的生活。國家所追求的願景，終極目標應該是要造就人民更幸福的狀態，這個幸福感的創造，不應該只建立在經濟上的追求，更應該在於心靈上的滿足。

而企業主或政府如果能多從慈悲、悲憫的出發點來做決策，走出相互奪取的競爭觀點，把更多資源分配於改善弱勢生活、消弭不均上，當企業不再以利潤為唯一目標；當國家不再以 GDP 成長為主要指標，如此，社會全體的生活會更幸福。

二〇一三年五月一日勞動節，我帶領六大工商團體簽署「幸福企業」宣言，當時有 1,589 家企業響應加入，共同宣誓讓員工以能平衡工作和個人、家庭生活為目標。洪老師說當時他看到媒體報導，十分欣喜，肯定這個行動對社會的正向影響，也是他將不丹的幸福力引入台灣的用意所在。

我所認識的洪老師，永遠是那麼慈悲、智慧的，默默地做著推動台灣和地球幸福的志業。就如同這幅歷時十七年籌備的世紀大佛，正是因為二〇〇一年巴米揚的大佛毀於戰火。矗立千年的巨佛，最後在人間的仇恨與對立中倒下了。洪老師決定一個人畫出一幅世界上最大的佛像，讓大佛慈悲的精神，永遠做為和平地球的燈塔。我號召社會各領域的菁英，組成〈和解台灣．和平地球〉推動委員會。雖然有的朋友告訴我，和解是不可能的，但是為了後代的子子孫孫，我們還是要全力以赴。

和解，是大佛出現在人間的精神，而每一個發起良善心願的人，都是大佛的共同畫者。我們期待每一個人用清明智慧的心，一起來創造台灣和地球美麗的夢！

〈和解台灣．和平地球〉推動委員會　主任委員　許勝雄

推薦序

世界和平，由大佛的微笑開始

與大佛合一　心靈安靜　智慧通達　歡喜自在
我相信　這才是那位無念的人起筆
要用那麼長久時間　畫了大佛的原因

人類的覺知有兩個方向：一個向外，看到森羅萬象的宇宙世界，一個是閉起眼睛向內看，只看到神祕莫測黑森森的一片。向外顯化的世界是有形有相的世界，邏輯與科學是這形相世界的原則原理。向內未顯化的世界是沒有形相的世界，非邏輯與超科學等一切神秘現象是這領域常出現的特徵。

因此幾千年來，人類常在這向外與向內探索的不同領會中爭論不休，直到廿一世紀的今天，量子力學的時代來了，超弦理論的推論更精確地在物理學與超微粒子間有了理論性的統合。這時才使外顯的科學與內隱的超科學，或神秘現象殊途同歸，有了相同的結論。因此，一些最頂級的科學家才會說，與其說宇宙是一個世界，無寧說，宇宙是一個思想。

宇宙是不是一個思想，我們也不敢下定論，但佛陀每每教誨我們不要胡思亂想。那胡思亂想的粗能量，已經使宇宙成爲一個很複雜的狀態了。我們必須只在當前一念中不做任何加減，不做分別。分別心使原始純淨的能量複雜化，使心能被外顯的分別心牽著走，以致於不知怎麼回家。

佛法是指引我們回家的路，一切禪法，都從安靜身、安靜心開始，在安靜中使呼吸放鬆、緩和下來，呼吸的和緩似乎是由外往內走的唯一途徑，因爲只有在呼吸緩慢下來的時候，我們才會覺得安詳，心生喜悅。

那喜悅從內心最深處的原始點來，所以帶有生命最初能量的氛圍。或許這是爲什麼每一尊菩薩都半閉著眼往內看，都面帶微笑的原因。那微笑的裡面，含藏了非常深邃的生命奧妙。

這是爲什麼，我們從佛像學習那往內探索生命的奧秘，這也是爲什麼有雲岡、敦煌等那麼宏偉的石窟，那是前人修行的印記，是告訴我們如何往內在世界回歸的啓示。雲岡很美，佛像很美，藝術很美，音樂很美……其實所有很美的事物，其背後都有生命能量的道理。相信，洪老師一定也有相同的想法，所以他要畫大佛。

畫 166 公尺 ×72.5 公尺的大佛，其技術性的困難，我不必細說，光是那線條的構成，就須有超邏輯的本領了，換句話說，這麼大的佛畫出來，在百米之外看，比例一點都不差，那一定不是以平常的方法可以畫出來的，而是在完全是在無念的狀態下畫出來的。

因爲線條是這麼一條一條在無念的狀態下所形成的，所以其線條的流暢，好像小鳥在空中畫下的弧度自然而悠美。前面說過，很美的事物，都與生命純淨的能量有關。所以線條加線條構成了菩薩的形，顏色加顏色構成了菩薩的風彩，當佛像畫成時，那已是我們心中眞正的佛，只是由內在外顯成完全沒有扭曲的外在而已。

我們把身心六根都放下，讓大佛來看我，就像鏡子映照萬物，讓萬物來看我。如是，看一朵花，或看一塊石頭，沿著那自然的線條看下去，平等無分別，只是靜靜地看著。如此觀物就逐漸進入萬物靜觀皆自得的「得」了。那時神清氣爽，是一個很好解除壓力，學習禪觀的方法。除此之外，面積達 12,000 平方公尺的大佛，比一甲田還大。看到大佛，讓我們的心量也自然而然擴大了，氣脈通達了，身心舒暢了，健康又覺悟。從個人到社會，到全台灣或全世界的福祉，正是大佛要發生作用的開始。

台灣本來是很美的小島，那美跟生命原始的純淨一樣，所以第一個發現台灣的人會驚呼：「福爾摩莎！」福爾摩莎是對絕對純淨美的詮釋。那時台灣沒有汙染，藍鵲悠然吱叫，麋鹿隨意奔跑，天晴雲白，是真正的福爾摩莎，然而今天不一樣了，今日台灣正在面臨不同的挑戰，台灣被撕裂了，就像九二一地震那樣，把日月潭的光華島撕裂，把台灣撕裂了，台灣社會被撕裂成不同群族的對立，被撕裂到大家面對著歷史，不知怎麼自處。台灣在不同觀念，不同族群，不同利害關係的對立中，徬徨無依。

在這關鍵時刻，我們能不能像南斯拉夫內戰時的德蕾莎修女那樣，在南斯拉夫內戰時，德蕾莎修女為了搶救戰場上一群無依恐慌的婦孺小孩，深入炮火中，迫使雙方停了戰火，讓德蕾莎修女帶著婦孺小孩離開戰場。

今天我們能不能以大佛做為人心和解、地球和平的平台？當每個人看到大佛，身體放下了，心念放鬆了，怨氣消失了，我們與自心和解了，與自身和解了，與呼吸和解了，與怨仇和解了。心中自然生起慈悲及友愛。洪老師將畫大佛的核心精神，著成《冥想・地球和平》，這是大佛的心願，也是我們每個人的初心。

當一個人看到大佛，心就安靜了，智慧就增長了。

當一群人看到大佛，一群人心安靜了，社會就和諧了。

當全世界都看到大佛，全世界都靜下來了，地球就和平了。

在大佛的慈悲眼下和解，讓台灣把歷史的包袱放下，大家融合成凡是人類都有的慈愛，台灣是福爾摩莎，是寶島，那不只是地理上環境純淨的美而已，那是在這裡成長的人，不管是原住民，是外地來的人，是講任何的語言的人，在這裡都能得到生息得到依託，因爲台灣是全地球慈愛的中心，大佛立起來了，大佛的慈悲將引領不同族群的人找到未來心靈要走的方向。

那方向，不知要走多久，但我們知道那是覺性人類、覺性地球的方向。

前統一集團總裁　林蒼生

作者序

身爲一個人

二〇一八年元月，人類史上最大的畫作，我所畫的世紀大佛，歷時十七年的籌備，終於幾近完成，在桃園巨蛋舉行完畫之前的全圖校正工程。現場龍陣、鼓隊、歌舞，歡天喜地慶賀著大佛即將誕生人間。166 公尺 X72.5 公尺，面積超過一萬二平方公尺的大佛，在巨蛋現身，只能展出三分之一的身相。來賓要登高到三層樓的高度，才能看見佛首的全貌。大佛微笑寂靜地看著大家，在場的人也都有一種奇特的感覺，彷佛大家一起被安置在另一度時空，處於佛陀的淨土之中，身心是如此安定而寧靜。

冥想・地球和平，無國界和平運動

在活動將近尾聲時，一位小女孩用著童稚的聲音，唸著「冥想・地球和平」禱詞。媽媽幫她拿著讀稿，上面寫滿了斗大的注音符號。透過轉播機大螢幕，小女孩認眞而專注讀著「冥想・地球和平」禱詞的神情，感動了現場所有的人，也讓我們看到了人類未來的希望。

「冥想．地球和平」，是一個無國界和平運動，也是大佛的心願，我希望世界各地的人們，從兒童到少年、青年，從壯年到老年，各個年齡層，不分種族、國家，透過每一個人在世界各地，此時、此地、此人，用當地的語言，不斷地冥想、安禪，讀誦「冥想．地球和平」禱詞，讓每個人所在之地，都成為一個正能量體，在人間的每個角落發光發熱，不斷地散發覺悟自心、和平地球的正念。而這樣的能量，也將反饋到我們每個人自身，讓我們的人生更加健康、覺悟、幸福。

生與死的交會

我是一個很幸運的人。母親告訴我，其實我的生命在尚未出世之前，早已應該結束了，但是我卻幸運的活在人間。我出生之前，父親在嘉義經營的炮竹工廠大爆炸，造成二十二人罹難。原本應該遷入工廠的一家人，因為媽祖和佛陀的恩德而逃過一劫。

我的出生，更是一場生死的交會。當父親工廠因爆炸而破產之際，懷著我的母親內外操勞，不慎摔倒，血流不止，即將臨盆。母親說，當時震安宮的老上帝爺公（玄天上帝），竟然上乩，坐在我外祖母與另一位長輩的手轎，衝進產房，搶救我們母子倆，這是聞所未聞的。

我們母子平安，我也安然誕生。母親說：當時上帝爺公交代，不准為我取名，要等十二天十二時，祂請示佛祖之後，再來命名。母親說，這就是我的名字「洪啓嵩」的由來。祂說，山很高，我要比山更高。我又可以幸運地活在人間了。

在五歲時，有兩件事，對我影響十分的深遠。

有一天，我問父親：「什麼是超音速？」父親伸手把椅子一拍，說：「當你聽到聲音時，它已經飛過去了。」這一幕景像，啓發我對教育的深層認知。

第二件事，是父親的工廠又爆炸了。當時工廠在社頭，不但是當地的第一家工廠，也是當時台灣最大的創匯玩具工廠，員工有二、三百人。工廠爆炸時，我正在工廠前玩耍；忽然之間，現場就像被轟炸一樣，煙塵遍天，玻璃全碎。我嚇得大哭起來，我親眼目睹工人的身體被炸成碎片，以及重創者全身抖動到斷氣的景像。

七歲時，父親意外去世。當我在殯儀館時，看到父親安詳的面容，我以爲他睡著了。我開始想，人爲什麼會死亡？我開始仔細思索，生命與宇宙的問題。我害怕親人與朋友，一個一個終會離去。我不斷尋求人生的意義，最後發現：生命的意義，是自己決定的。二十歲那年，讀《六祖壇經》有所體悟，而決定了我人生的方向。

沒有敵者的人生

我這輩子有一次死亡經驗，及十次接近死亡的經驗，其中兩次更是深刻影響我的人生。其中一次是在民國六十六年，大學時我騎腳踏車環台，騎經蘇花公路的陡坡時，年久老舊的腳踏車，剎車完全燒壞了，無法停下來。危急之際，我將車身撞向山壁，同時跳車，人在地上翻滾了幾圈才停下來。我坐在地上檢視全身，共有十二處傷口。

不到三十秒鐘，山上下來了一輛大卡車，卡車司機和他的助理，四隻眼睛面無表情的從我臉上掃過，我彷彿和死神四目相會。當時我如果沒有跳車，那麼只有兩個結果：一是被撞落斷崖，一是被夾死在山壁。

這時，生命中的恩恩怨怨，就像冰雪在陽光下完全消融了，至此我深刻體會了生命中的「沒有敵者」。

另一次瀕於死亡的經驗，發生在一九八九年的夏天，我發生了一場大車禍。當時我在快車道被撞飛，還沒掉到地上又被計程車撞上，在車底被拖行了一百公尺，送到醫院已經內臟破裂，七孔流血，全身大面積磨傷與灼傷。後續的治療非常辛苦，醫院的護士很關心地問我：「洪先生，你會不會很痛苦？」這可把我問住了。因爲「痛」是生理現象，「苦」是心理現象；所以，我笑著說：「我會痛，但是心中很喜樂。」這是我的「痛樂哲學」，也實證了佛陀的教法。

因爲我無畏於生死，所以更珍視所有的生命，希望能多做一些事，爲人間創造更大的價值。莊周夢蝶，我有也有一個夢，希望自己變成蝴蝶。在「蝴蝶效應」理論中說，巴西的一隻蝴蝶輕輕搧了搧翅膀，可能造成美國的颶風。我也希望在這裡輕輕地搧起覺性之風，讓地球充滿幸福覺悟，無盡清風。

地球七願

我用七個心願來為我們的母親地球，擘劃美麗的願景：

一、文明的地球：尊重與發展地球上所有國家與地域的文化傳統，消除文化的隔閡與執著，創發大同的世界。

二、幸福的地球：以共同的心願，來創造自身與他人的幸福，讓地球人間成為共創人類幸福的居所。

三、和平的地球：以深厚的善心智慧，使不同的族群、城市、國家，都能放下對立，不再有仇恨、戰爭。

四、覺性的地球：善用所有人類文化的精華，讓所有的人類深層覺悟，共同邁向人人快樂覺醒的覺性地球。

五、圓滿的地球：讓地球的環境生態能永續發展，讓人類在圓滿的地球上，創造永續的文明。

六、心的地球：回到地球最深層的心，用智慧、慈悲去體會，地球與人類與一切生命的和諧交融，開創地球光明的未來。

七、宇宙的地球：讓覺性的地球參與覺性宇宙的發展，開創光明的宇宙文明。

身為一個人

我的一生，充滿了幸運，從出生前到出生後的這一甲子，回首想來，只有感恩。我沒有想到，經歷了那麼多不可思議的生命旅程，依然活著，而且能在今日，保有初心，也還有體力，來畫出 166 公尺的世紀大佛。

原先我計算自己體力，五十六歲時還能完成大佛，年紀再大些，體力可能就不行了。現在比原計劃慢了四年，在花甲之年完成大佛，沒想到體力還能承擔這種不可思議耗費體力的大畫工程。

人生百年幻生，而畫留千年演法。畫會活得比我久。當大佛完成之後，他會自在的開創自己的時空生命，依隨著佛陀的本願，在法界中顯現，幫助所有見聞者，圓滿幸福覺悟的人生。

身爲一個人，希望能做出一個人能做的事情，稽首感恩養我育我的這塊泥土，與所有的生命。這恩德，讓我有更大的力量，來幫助所有的生命更加美好，讓地球更加圓滿。這是我身爲一個人，所能做的事。感謝所有世間的姊妹、兄弟，及心靈的摯友，祝福大家善願成就、一切吉祥！

地球禪者　洪啓嵩

19　冥想 · 地球和平 Earth Peace Meditation

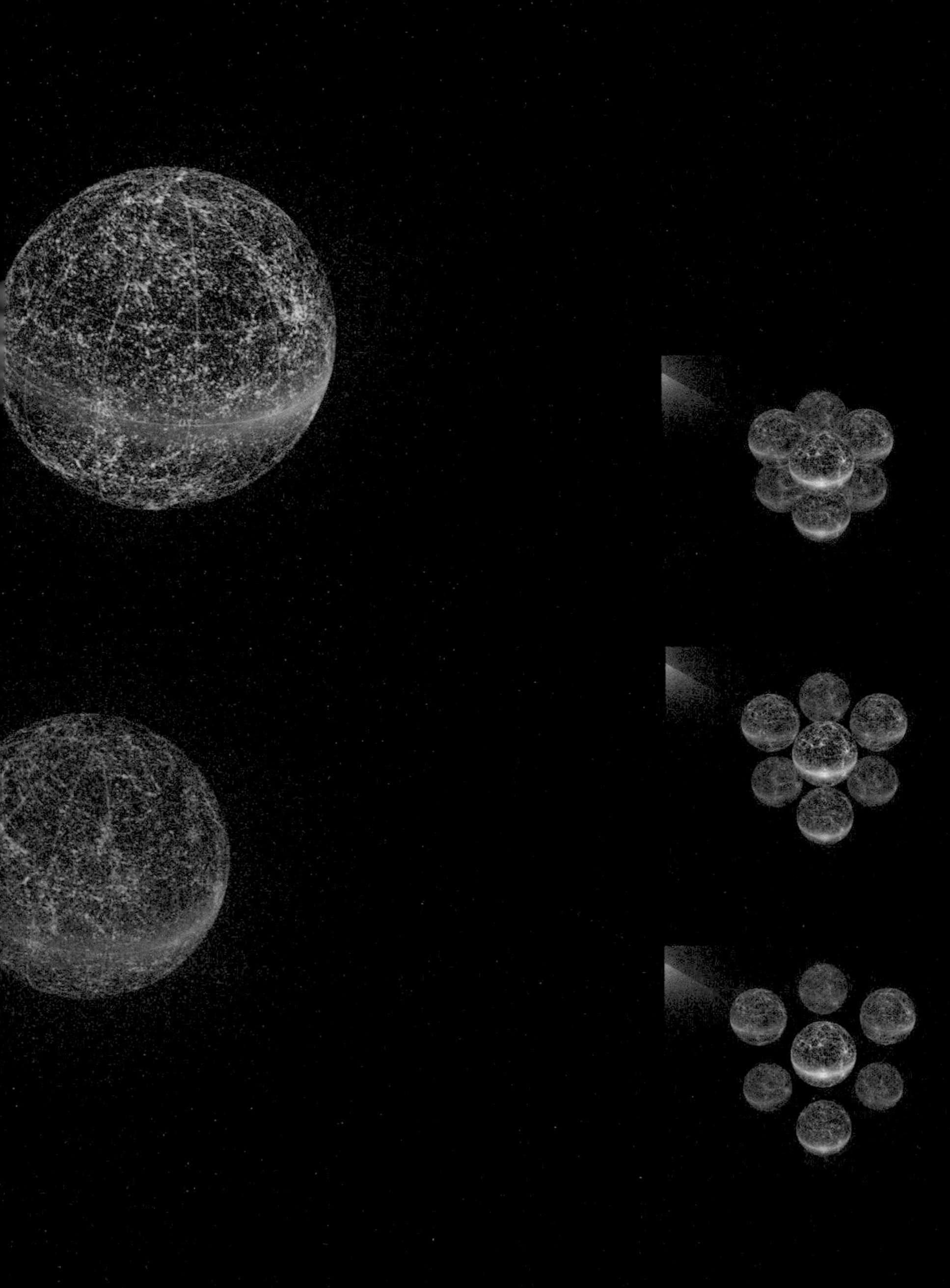

第一篇　地球七願

第一章 文明地球

大道之行也，天下爲公。選賢與能，講信修睦，故人不獨親其親，不獨子其子，使老有所終，壯有所用，幼有所長，鰥寡孤獨廢疾者皆有所養，男有分，女有歸。貨惡其棄於地也，不必藏於己；力惡其不出於身也，不必爲己。是故謀閉而不興，盜竊亂賊而不作，故外戶而不閉，是謂大同。

——《禮記》•〈禮運大同篇〉

䷌同人：同人于野，亨。利涉大川，利君子貞。

彖曰：同人，柔得位得中而應乎乾，曰同人。同人曰，同人于野，亨，利涉大川，乾行也。文明以健，中正而應，君子正也，唯君子爲能通天下之志。

——《易經》•〈同仁〉

成熟於文、明了於義，離諸恐畏復無過失。於世俗、勝義，以自心知見，甚深巧妙、種種莊嚴，令諸有情咸生歡喜，說此是爲菩薩於世間典籍正知。

——《佛說大乘菩薩藏正法經》

文明地球・大同

用最真誠的心念
向您發出和平的訊息
心中沒有敵者
只有真摯精純的心
至誠的向您發出　共生共榮的願望
祈願從現在直到永恆的未來
我們相互扶持
走向圓滿生命

就在當下！就在當下！
真心誠意的相互守護
這是最深的誓句
我們共創生命圓滿的願景
我守護著您
您守護著我

用最相互調和的DNA
開創出究極生命進化的旅程

一心祈請能具足歡樂與歡樂的原因
一心祈請能脫離痛苦與痛苦的原因
一心祈請能恆常安住在沒有痛苦的安樂境界
一心祈請能捨棄分別無明的心
而體悟到圓滿覺悟的平等

我們一心觀看著清淨的水
我們的心澄明如水　宛如明鏡相照一般自然清寧
在覺明的心中
我們的每一個細胞化成了透白的淨雪
無雲晴空　麗日普照
每個如雪的細胞都融化了
化成了清白純淨的心水
從心到身　淨水清流

流入了活泉、溪流
明覺的生命開始幸福歡悅的旅程
這是我們昇化了
不再悲傷只有歡喜　沒有煩擾只有一心澄靜

靜靜　流成了淨淨的大河
是心靈的大河　生命的大河　人生的大河
成了大海　安住在幸福的地球
天地伴著平潤　百草陪侍花香
清澈的藍空　是我們身淨的到影

一心　靜心　淨心
用最深的心觀念
所有的生命永遠安住光明的幸福
願與所有的生命
共創真善美聖圓滿的新世紀
願母親地球永遠的安樂和平

人，人類與人間

人是在整個宇宙與法界的歷史中，發展出的一個特殊樣貌，而這樣貌在這當下就是這樣存在著。

現在我們存在了，從這個存在的立場來反觀我們自身，我們才能覺悟，才能夠覺察。

從有意義的人類出現之後，到現代人間的這整個過程中，透過文化不斷的累積，不只在量上的不斷增長，生活的空間也不斷改變。然而，人類的文明在這過程中，是否產生質上的變化？還是只是量上的增加？人類雖然在感官的享受在量上不斷的積累增長，但人的品質有時看來並沒有相當的提昇。現代人的健康看起來改善了，但大部份來自現代醫學的進步，不是人類的主體性有所改善。我們並沒有比古代人更健康，只是在外在條件上，我們比古代人擁有更多資源，所以壽命得以延長。人類的身在「質」上並沒有改變，只有在不斷的累成性「量」上的增加。而我們的心是否也如此呢？因此，在廿一世紀，我們必須深思反視，人類文明自身，在我們所創造的外在世界，還沒淹沒我們之前，昇華人類文明，創造新的光明紀元。

人發覺自我的存在，有兩種面向：一種是以自我為中心，向外尋求，從刺激、反應中，滿足其自身。第二種是思索我為何存在？而體悟到自身及外境等種種存有，都是各種因緣條件所構成，實則並無有一個永恆不變的自我可得。因此，對幸福的追求，也就產生了不同的面向。然而，在各種文化對幸福願景中，雖然在表相上有著各種差異，但在眞實願景中，卻是大同小異。但是我們不自覺或受到不良的操弄，而不斷強化差異時，文明衝突就不斷的產生異化，而衝突的惡性循環，這不禁讓人想起孔子〈禮運大同篇〉所描寫的大同之境：

「大道之行也，天下爲公。選賢與能，講信修睦，故人不獨親其親，不獨子其子，使老有所終，壯有所用，幼有所長，鰥寡孤獨廢疾者皆有所養，男有分，女有歸。貨惡其棄於地也，不必藏於己；力惡其不出於身也，不必爲己。是故謀閉而不興，盜竊亂賊而不作，故外戶而不閉，是謂大同。」

這樣的生活狀態，雖然是孔子在二千五百年前幸福生活的繪景，但將其投射到當代，依然可以有效的應用在現代生活。

更重要的是，世界大同的文化理想，可調和現代衆多文明的衝突，尊重文化的異差，共同創造地球文明的光明世紀。

不丹的幸福哲學

在現代這個個人與國家競相自利、製造無邊衝突的時代，竟然有一個國家，提出了令人歡喜的文明理想，這就是不丹廣受世人注目的國家幸福力哲學，是由不丹第四任國王吉美．辛格．旺楚克所提出，以四大面向來涵蓋全體人民的幸福發展，取代以國民生產毛額單一量尺來衡量國家發展。

一九七二年，十六歲的旺楚克陛下，在父王猝然辭世下倉促繼位，成爲全世界最年輕的國王。當時他並沒有立即登基，而是花了兩年的時間，走遍全國各個角落，了解不丹的人民想要什麼。他目睹西方國家在現代化過程中，一路經歷戰爭、環境污染、高失業率與高犯罪率，人民的所得提高了，卻不快樂；物質享受提高了，親情卻疏遠了。一九七四年，在世界各國奉GDP爲圭臬，以經濟做爲國家發展首要目標的洪流中，旺楚克陛下卻選擇了一條不同的道路，他以「國家幸福力」(Gross National Happiness)做爲立國的根本政策，涵蓋了社會經濟、傳統文化、環境保護，及實行良政等四大面向，爲人民追求整體的幸福，使不丹成爲全球第一個以「幸福立國」的國家，使人們在穩定的環境下，所處的社會是正義的、和平的，人們生活有安全感，有秩序，安居樂業。他們認爲，幸福必須以慈悲爲內蘊：身而爲人，眞正的發展必須朝向不傷害共同享有地球的其他物種，朝這樣更大的生活精緻化來轉變。

當人類在追求發展的過程中，是否忘失了追求幸福的初心，過度重視物質面的經濟發展，忽略了心靈等全面向的均衡發展？錯將用來實踐幸福的財富，當作完成幸福的目的？滿目瘡痍的地球，不斷發出警鐘的生態危機，都一再提醒人類，身爲地球的長子，我們不能再任意揮霍這些不屬於自己的資源。作爲人間發展的主體，我們該負起責任，讓自身及地球上的生命，共同朝向永續的幸福邁進。

有鑑於經濟與現代人生活的密不可分，我在一九八〇年代提出「菩薩經濟學理論」，希望做爲人類未來經濟的明燈。旺楚克陛下所建構的國家幸福指數，除了原始佛教經濟學惜福、自制的精神，更具有菩薩經濟學以慈悲和智慧爲核心的身影。因此，我在二〇一三年提出「地球幸福力」（GEH, Gross Earth Happiness）理念，期待不丹的國家幸福力，能傳遞給地球上的每一個國家，從「國家幸福力」（GNH），擴大爲「地球幸福力」（GEH）。

二〇一四年起，我開始推動提名吉美．辛格．旺楚克閣下，成爲諾貝爾和平獎候選人。在推薦文中，我如是寫道：「貪婪，正是世界紛爭不斷、和平無法到來的根源，污染的水與空氣，滿目瘡痍的大地，正是人心貪婪之毒的影現，人類史上無數的人禍與征戰，與經濟密不可分，有幸福的經濟，才能開創和平的地球。GNH，改變了人類的價值觀，以負責任的自制、永續公平的發展，來取代永無止盡的貪婪與發展，這是人不同於動物依本能生存發展，也正是人之所以爲人的可貴之處。

吉美．辛格．旺楚克陛下所提出的幸福經濟學，……，希望源於不丹的GNH（幸福經濟）此珍貴的思想，能改變人類的價值觀，創造和平永續的幸福地球！」

共創地球覺性新文明

人類只有建立偉大的夢想，以覺性的智慧勾勒出未來的美夢，人間的未來才有希望。二〇一五年，我以幸福地球三部曲，來建構這個美麗的夢想：

一、覺性地球：人文化成，悟衆覺盛

集合人類文化與慈悲，提昇心靈，成爲地球共覺體，使地球成爲宇宙中最佳的覺性學習型的星球，也是未來十方世界學習覺性教育的基地。

二、淨土地球：淨土人間，永續康寧

一九八九年，我提出「修補地球」及「三世的環保觀」思想，在人類耗用地球資源殆盡，危及自身生存的今日，以過去、現在、未來三世的宏觀，來思惟大地資源的使用，才是永續發展之道。當我們在使用地球：地、水、火、風、空五大的資源時，不是只有消耗使用，更希望能使其永續存有，甚至增益和諧、清淨圓滿，成爲美麗的地球曼荼羅。

三、宇宙地球：文明覺性，先航宇宙

很快的，人類即將進入太空世紀，人類即將和宇宙間其他的生命相接觸。未來是「星際大戰」的時代？或是「宇宙共榮」的時代？必須從現在開始。一九八〇年代，我提出「太空禪定學」與「太空經濟學」，二〇〇九年，我在哈佛醫學院麻州總醫院（MGH），為致力於太空發展的科學家們，講授「放鬆禪法」（Relaxation Zen），為太空人的身心乃至未來人類長途的星際旅行身心做好準備。讓我們所搭乘的地球太空船，成為最美麗的星球，為宇宙帶來永續的和平與幸福！

二〇一八年，我進一步提出地球的七個願景：文明地球、幸福地球、和平地球、覺性地球、淨土地球、心的地球、宇宙地球，來擘劃人類新文明。

有人說：「地球是平的」，這是用一種單一的思維，把地球視為一個市場，也就是「全球化」的概念。用市場經濟，將地球攤平，變成薄薄的一片，整個平版化，用市場經濟限制他的能量，讓他的運作越來越僵化，失去了原創性。「地球是平的」，帶著原初的帝國主義、資本主義的殖民色彩。以美國為例，透過大量生產、大量消費，利用媒體的操作，將好萊塢、麥當勞等美式文化價值觀，傾銷到世界各地，讓各地獨特的文化，變成扁平化。而對於不同文化的輕蔑、排他與敵意，也是造成今日世界動盪不安的主因之一。《大智度論》中說：「自法生愛，他法生恚」，對贊同自己的就歡喜，對非我族類就生起瞋恚之心，種種攻擊接踵而至。

在文明的地球，不同的文化能夠彼此欣賞、相互學習，尊重與發展地球上所有國家與地域的文化傳統。

在《易經》的〈同人卦〉中說：「同人於野，亨。利涉大川。利君子貞」，正是象徵大衆同心同德、世界一家的卦象：離爲火，乾爲天，火光上升，即天、火相互親和，爲同人。象徵和同於人。天下爲公，有著和睦、和平之意。促成世界大同，必須有廣闊無私、光明磊落的心胸，才能順利暢通，而這也是君子的正道，更是文明地球的基礎。讓我們消除文化的隔閡與執著，創造地球整體的文化認同，泯除文化界線，以和解的、開放的態度，把在地文化美好的特質，奉獻給地球，創發大同的世界，邁向全新的地球文明！

第二章　幸福地球

大學之道，在明明德，在親民，在止於至善。知止而後有定；定而後能靜；靜而後能安；安而後能慮；慮而後能得。物有本末，事有終始。知所先後，則近道矣。

——《大學》

爾時彌勒菩薩摩訶薩語慧命須菩提：「有菩薩摩訶薩隨喜福德與一切衆生共之，迴向阿耨多羅三藐三菩提，以無所得故。若聲聞、辟支佛福德，若一切衆生福德，若布施、若持戒、若修定、若隨喜，是菩薩摩訶薩隨喜福德與一切衆生共之，迴向阿耨多羅三藐三菩提，其福德最上第一，最妙無上無與等。何以故？聲聞、辟支佛及一切衆生，布施，持戒，修定，隨喜，爲自調、爲自淨、爲自度故起，所謂四念處乃至八聖道分，空，無相，無作。菩薩隨喜福德迴向阿耨多羅三藐三菩提，持是功德爲調一切衆生、爲淨一切衆生、爲度一切衆生故起。」

——《摩訶般若波羅蜜經》卷第十一〈隨喜品第三十九〉

故玄者，用之至也。見而知之者智也，視而愛之者仁也，斷而決之者勇也，兼制而博用者公也，能以偶物者通也，無所繫輆者聖也。時與不時者命也。虛形萬物所道之謂道也，因循無革天下之理得之謂德也，理生昆群兼愛之謂仁也，列敵度宜之謂義也。秉道德仁義而施之，之謂業也。瑩天功、明萬物之謂陽也，幽無形、深不測之謂陰也。陽知陽而不知陰，陰知陰而不知陽，知陰知陽，知止知行，知晦知明者，其唯玄乎。

——《太玄攡》•東漢•揚雄

幸福地球・喜悅

心……完全的清寧，寂淨
於是
甚深光明的喜悅
隨著朝陽輕輕的昇起
迴照著真實的心
心靜了　心明了　心淨了
心與所有的善相應
親友、善朋，乃至一切的生命
與地球母親的心　圓滿融合

於是　心廣大了
成了最圓滿的自由
那麼有力的化成了
喜樂覺悟
自自然然圓滿了

我們所有的生命願景

頓然放下一心……一心
良久、良久……
不思善、不思惡、超越了所有的苦難
當下　用生命本來的面目　坦然相會
只有幸福

用最放鬆的身體、最快樂細柔的呼吸
用最最寂靜的心境，合掌祈願
母親地球永遠幸福
一切的障難都已隨風飄逝了
眼前只有唯一光明的幸福
痛苦、瞋恨　無所從來亦無所從去
歡喜、幸福、慈愛
她來了　也不再走了
這就是最後、最堅決的決定

永愛自己與所有生命
立下宇宙中無上真誠的約誓

在母親地球的幸福證明下
我們把自己交給了自己
也交付了不可違越的盟誓
與自己相愛、與自己慈愛、
與所有的生命相親相情
把至誠幸福的愛獻給　地球母親

讓自己成為真正幸福的自在
於是我們擁有了無盡慈愛的能力
不再瞋、不再恨、不再怨、不再惱
歡喜幸福是唯一的心意
大公無私的平等慈愛
如同投入宇宙大洋中的如意寶珠

一圈一圈的歡喜向外無盡迴旋
從至親到平疏乃至一切苦難的生命
正心誠意　仁民愛物　止於至聖
心永遠的慈愛
銘記在幸福的地球
行動！廿一世紀幸福的地球

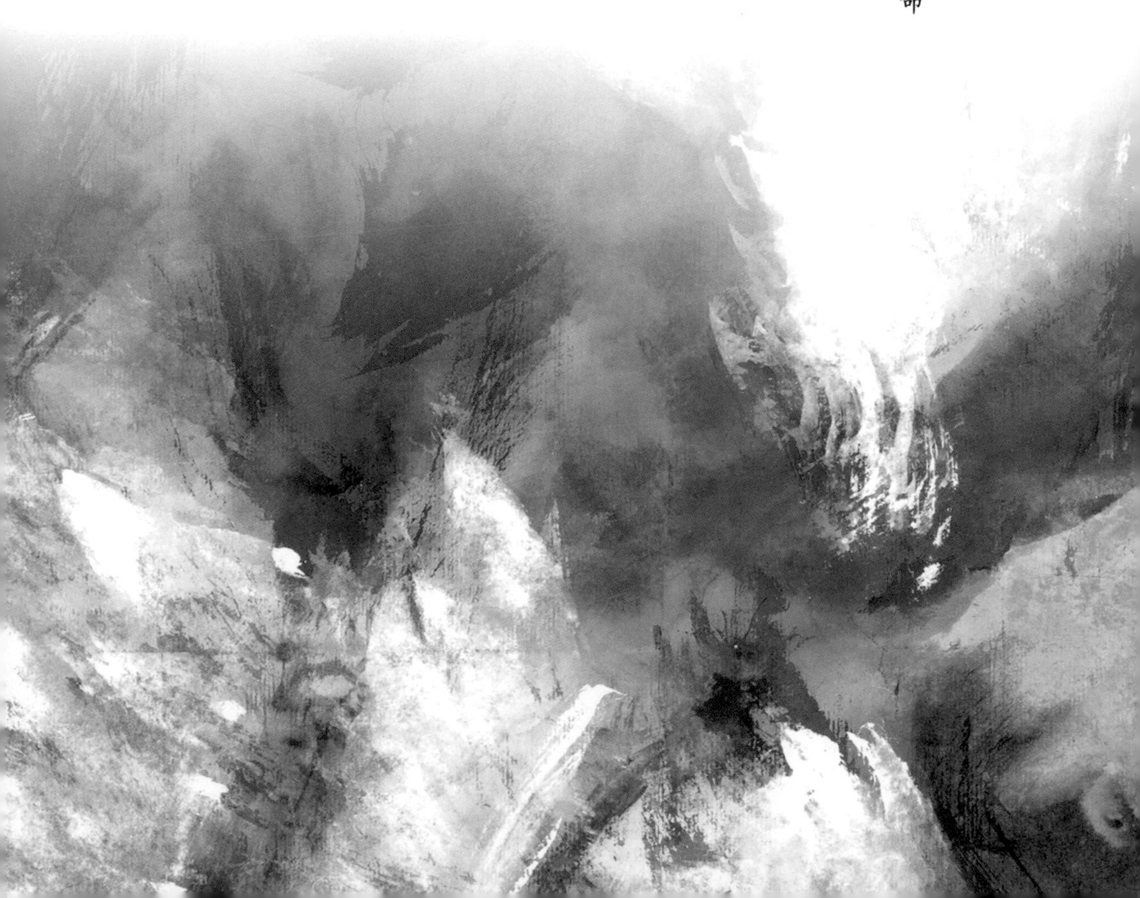

幸福地球的拼圖

人類的文明走到今日，如同馳向天際的太空船一般，已難回頭。國與國之間、種族與種族之間、文明與文明之間的交互關係，已密不可分。過去的鎖國政策，在今日已不可能，國際化將是未來的主要課題。國際化的走向也必然會帶領世界走向一體，「地球村」的時代已經來臨。台灣將在廿一世紀的世界村扮演什麼角色？對於人間所充滿的危機——武器、生態、心靈……等，我們能有何貢獻？這是我們必須思維的。

在地球進入宇宙世紀的前夕，我們是否有普遍的自覺，人類即將進入到另一個時代裡？我們是否具備新的意識革命，走向另一個未知？我們將在此時此刻創造光明的人間文明，或是讓人間崩潰？二十一世紀對於我們人類而言，或許是最壞的時代，但也可能是最好的時代。現前的人間，如何昇華淨化，圓滿幸福地球？以下就幾項人間重要的議題來探討。

經濟—以慈悲智慧經濟學做爲人間明燈

擁有財富，是人生幸福的指標之一，追求財富，也是許多人的人生動力。財富從最初作爲生活的保障，到如今成爲一種生活樂趣，如何以最小的投入，創造最大的產出，考驗著我們的智慧與耐心。

財富在我們的人生佔有如此重要的角色，以至太多人誤將財富和幸福畫上等號，誤以爲擁有財富等於幸福的人生，而忘了財富只是讓幸福更容易實現的條件之一。當財富在運用時，才成爲財富自身；否則，僅只是一堆數字而已。

如果不了解財富的虛幻性，財富也會成爲引動人心貪婪的根源，爲了錢財鋌而走險、危害社會、國家的新聞，每天層出不窮。二〇〇七年，美國次級房貸風暴使得美國銀行體系瀕臨崩盤，相繼引發全球金融大海嘯，摧毀了無數家庭的幸福，它造成的混亂和恐怖，遠過於中國大陸毒奶事件、黑心食品的百倍、千倍。

經濟對現代人的影響，可說是盤根錯節，牽一髮而動全局。目前人類所遭遇的困局，和以經濟發展作爲國家發展的主要指標，有著極大的關聯。

在以經濟發展爲主要目標下，大家拚命將油加滿，但是到底要走向何方卻茫然無所知，對所種下的因將導致何種果報，也未深思熟慮，高度工業發展引發的全球溫室效應，造成氣候極端化，引發地震、海嘯、火山、颶風等地、水、火、風、空的天災，摧毀我們賴以生存的家園，促使我們不得不做出改變。

當人們開始了解，不能只將一切的運作交給「一隻不可見的手」——利潤法則來操縱時，大家開始向福利經濟思想來思惟運作。解決的方案推陳出新，但是核心的思惟方式沒有改變，仍然不斷地重蹈覆轍。

以近年大家服膺的「知識經濟」爲例，在這個時代已經不敷使用了，美國華爾街的崩落就是一個活生生的例子。瞬息萬變的廿一世紀，「因」與「果」的距離如此短促，財富的累積如此快速，崩落也是一夕之間。以往經濟問題的累積，是平面型發展，現在卻是 **3D**、**4D** 型的發展，依照過去經驗所堆積出來的「知識」，無法料理新生的問題，單就站在自利立場所發展的「知識」，無法讓問題迅速解決，反而更加惡化、擴大，越來越棘手。問題出在哪裏呢？

二十多年前，我提出《菩薩經濟學》的思想，人類面對今日的經濟困局，在地球資源過度耗用的今日，我們必須有更超越的思惟，才能超脫地球經濟的困局。以慈悲和智慧爲雙軸的菩薩經濟學，將是一盞明燈。

社會—變動時代的身心安頓之道

現代的社會充滿了動盪、不安，這是時代的正常現象。

重要的是，我們如何透視與面對社會的動盪現象，以實踐我們心中的理想？

社會的不安，正是時代無常的正常現象，我們如果僅是在不安當中，不能運用無常的動力來創造未來的時代，而只是一味的遙想當年，可能更加深社會不安，而不是讓不安成爲發展的動力。

社會的不安，代表社會內在力量的轉動，所以發展得宜，可以讓社會永保創新發展的活力。當社會產生不安時，必須真誠的面對，尤其主事者，更不能貪一時之便，以壓制、覆蓋、欺瞞的方式處理，否則原來能使社會朝向良善發展的力量，將因蓄積太過，而成爲社會無法承受的動盪。

任何事實的存在，必有其因由；社會的不安，要以誠懇、交互同情的心來互相調整，求取社會與個人的最大利益。人間是無常的，過去的事實，現在可能已經轉變。所以，不斷的接受現存事實，而加以智慧導引，方能求得最大的平衡。

當我們個人面對社會的不安時，便可了知，社會是活著的有機體，我們是內部的一份子，所以能體會到她的脈動。我們以清明的心，從社會的不安當中，明照整個社會的運動方向與趨勢；所以，這種個人對社會間的覺察與調整，是生命發展的動力來源。

社會本來就是各種現實力量的角逐，絕對沒有永遠的不變；凡透過各種社會力的競爭，整個社會才能產生動力，推動向前。

社會也是無常的，各種社會力分綜離合，變幻無常，任何一個創新的概念，都可能造成一部分社會力的重組；因此，我們不能以定型的心來看社會現象，當以如幻的心與無常的社會相應，如此面對社會的變幻，我們便能立時體察，進而掌握時勢、創造時勢。

媒體—全球共振加速器

在全球化的衝擊下，不丹開始進入資訊時代的同時，也隨著媒體開始轉型，人們生活、學習、工作和與他人互動的模式也深受影響。

「現在是媒體在教育我們的孩子、灌輸他們價值觀，反而不是父母親。媒體既反映現狀的變化，也形塑新的現狀。」

在媒體發達、網路遍佈的E世代，世界各國幾乎都面臨著同樣的問題。

媒體可以成爲幸福加速化的核心，也可以是加速摧毀幸福的推手。他們選擇性的報導，以一小部份的現狀，引導未來，形塑未來。

當他們心懷幸福的願景，以此心來從事報導時，就會有不同的採集選擇，能幫助我們更快速圓滿幸福。反之，當專業媒體的聲音被威權、商業與意識型態所掩蓋，所做所爲完全以自利爲主時，媒體可能就成了毀滅幸福的加速器。

媒體的發達，也造成全球共振的效應更加快速，而壞事往往比好事傳播得更快速。全球任何一個地方發生災難，透過二十四小時不斷的重複傳播放送，將苦難現場不斷帶到人們眼前，心靈不斷受到撞擊。

在此，我們並非反對媒體報導，而是希望媒體報導的目的，是能增長人們的悲憫心，提昇正向的心念，降低不幸的發生，而非以利益爲優先考量。

媒體對個人的影響如此，對全球的影響亦然。

媒體自由化是一條不歸路，唯有懷抱著幸福願景的媒體，才能成爲人類朝向幸福的加速器。當人們的幸福感加強時，也才有源遠流長豐沛的資源，能爲媒體創造長遠發展的利益。

教育—自覺與自主

生命充滿了不可思議的力量，圓滿的生命教育，是以最珍重的心，尊敬每一個生命，幫助他們成就自己的圓滿。因此，如何教育孩子從小幸福，是父母、師長最重要的教育學分。

二〇〇三年國際兒童年，我將世界各國的孩子及外星人畫成一尊一尊可愛的佛寶寶，也表達了「每個孩子都是佛」的理念。二〇〇九年我和不丹教育部長良博·包爾會面時，他提到不丹的小朋友上課前會有數分鐘的靜默冥想。「面對變動越來越快速的環境，我們無法掌握孩子會接觸到什麼。我們所能做的，是幫助孩子的心志安定清明，具足智慧，能夠判斷什麼是對他們有益的，什麼是有害的。」良博部長的憂心，是許多父母與師長共同的心聲。

我從十歲開始學禪，這並不是像一般人所說的，從小就獨具慧根，而是被生命的苦迫所催動。五歲的時候，家中的炮竹工廠爆炸，我親眼目睹傷患在眼前哀嚎過世；七歲時，父親又因車禍而離世，因此，死亡的陰影，一直壟罩著幼小的心靈，我很害怕將來親人是否會一一離去。

所以，爲了追求無死的方法，深入各家禪法，在數十年的親身體驗中，親證了禪法對人類身心不可思議的影響。然而，在古代，禪定往往是透過長期專注、投注無比身心精力的修持者的專利品，無法普及於大衆，非常可惜。

因此，在數十年的禪定教學中，我不斷創發適合現代人學習的方法，簡單易學且效果顯著。二〇一〇年我創發出「超專注力學習法」，更是一個嶄新的里程碑，特別適用於青少年和兒童身心發展，幫助兒童與青少年增長健康智能（HQ）與情緒智能（EQ），身心平衡發展。

廿一世紀人類身心所面臨的挑戰，比古代更加艱鉅。我們必須幫助孩子擁有更大的自覺與生命力量，幸福的活著，活得幸福，並深刻體會到：活著，是多麼的幸福！

工作—讓職業成爲生命的志業

在現代的社會當中，每一個人一天都必付出大約三分之一的時間來從事謀生的工作；工作在我們的人生中占有極重要的地位。

古代遊牧民族每天只要用兩個小時工作，就可以滿足一家生活所需，其他時間可以到處溜達遊玩，從來不用擔心景氣循環、求職，與工作能否保得住等等。

農業民族可能累一點，但是「日出而作、日落而息，帝力於我何有哉！」

現代即使所謂的「自由業」，也有著工作的不安，包括如何選擇自己的工作性質、職業，如何選擇公司、如何升遷、加薪、如何有成就感……等。從開始工作到退休為止，我們的一生，幾乎都籠罩在工作當中，工作的不安也如影隨形的成為人生的一部分。而且，隨著時間的飛逝，工作不安的內容，也隨著自我意識的抬頭，而更呈現其多樣化。

有人抱怨自己的工作沒有意義，不喜歡目前工作的性質，與老闆處不好，或升官老輪不到自己，等等不同形式的不安。這些不安來自我們對自身的期望與工作的互動，是趨使我們超越現前自我的生命動力，我們應當眞誠而清明的面對，使之逐步的走向生命的最高峰。

工作代表一種人生的抉擇，我們從家庭、學校進入工作當中，也是進入另一套最快速而實際的學習系統當中。唯有從迷惘中覺醒，讓我們回復成一個完整的人，重新認知職業的意義。職業是我們生命中的志業，它不該只是養家活口的工具，而應該是創造自身、家人與社會幸福的載體。唯有此種體認，我們才不會被強迫成為職業人，而是自覺地成為職業人，開創自他的幸福。

這一步，我們必須勇敢而謹慎的踏出，也對其中的種種挑戰保持著充分的相應能力，讓這些不安成為生命的動力，將我們推向創造人生幸福的高峰。

建築—健康覺悟的幸福空間

空間環境提供人類生活、運作，而人類也在空間當中創造適宜生活的環境，人類與環境空間之間相互的依存、創造、轉化。當我們從大環境中選擇適宜居住的環境之後，就慢慢與選擇的環境互相熟悉、調和，而與環境得到最大的協調。

因此，建築有著極大的時空緣起特性，隨著種種因緣的轉變，而展開其適應與轉化。佛法其實就是緣起法，有著緣起體性的實相義，與世間外顯的緣生義理事相融。

我們的心是外在宇宙的投影，而宇宙也是我們心念的波動，兩者如同鏡面般相互照映。所以，心、氣、脈、身、境根本是一貫、同體一如的，都是心意識的影子，但心意識也受到外境的反射而轉換，又交互投射。

這五者由內而外，由細而粗；在修行的過程中，我們從外境返回到身體，再到脈、氣、心，但轉化時，卻是由最細微的心，進而到氣、脈、身，乃至外境的轉換，所以，我們轉化成功時，不只自己身心變得更莊嚴圓滿，整個外境也能跟著轉換成清淨圓滿的世間。

前英國首相邱吉爾曾說過一句銘言：「我們塑造自己的住家，之後住家塑造我們的生活。」說明了人和建築深層的交互影響。

建築對人類身心健康的影響，也是建築設計中的重要元素。二〇〇三年非典（SARS）風暴造成全球性的恐慌，口蹄疫、腸病毒、禽流感，乃至日前H1N1的流感，都在在提醒我們對衛生、健康的重視。二〇〇三年，在新加坡所舉行的「健康建築國際會議」（HB03, Health Building），就應用最先進的科技研究，來對應使用者的視覺、聽覺、嗅覺、觸覺與心理感受等「五感六識」，以共同解決建築物在規劃、設計、建造、使用和改建上的實際問題，並創造以人類健康為福祉之二十一世紀新國際式樣生活空間。佛法對生命的深層思惟，可作爲未來型建築的珍貴指引。

知識—文字中的般若智慧

相傳倉頡造字時，驚天地、泣鬼神，或許這也象徵著文字對人類文化所產生的巨大影響，因爲文字的產生，人類文明得以傳承。文字能爲人們帶來幸福感，讓生命臻至圓滿。在禪宗將文字比喻爲「指月之指」，透過文字，我們能體悟實相的智慧，所以，佛法將智慧分爲三個階段：文字般若、觀照般若與實相般若。

透過文字的啓發，讓我們觀照自心，悟入眞實的生命智慧。

爲什麼文字有這樣的能力呢？因爲文字是空性的，它是一種表達方式，是一種趨近的過程，並非所描寫的對象自身。禪宗「不立文字」，不是表示它不使用文字。相反的，與各宗派相較之下，禪宗留下了大量的文字，因爲它超越了文字，不被文字所限制。

文字幫助我們回歸到心靈中的原點，覺悟的體性。一個自覺的、幸福的心靈，無論是悲憫、喜悅、感傷、期盼⋯他所展現出來的文字，都能讓人們反心內省，從中得到超脫，產生深層的幸福感。

心靈修鍊－創造幸福的能力

心靈的自覺是幸福感重要的根源，現代人普遍無法感受到幸福，是因爲太過重視自我，而無法超脫，感受到內在的自由與喜樂。

佛法以「無我」、「無常」的智慧，觀照到這個世界充滿了因爲「我執」所產生的鬥爭。在過去，這可能是促使整個人類文明向上擴張的衝力，但是在整個地球的承載量已經到了飽和的今天，人間已經到了破壞的極限，無法再容受人類的貪婪無限制的擴張。佛法的「空」與「無常」的智慧，可以把人類幾千年來，甚至千萬年來，深深積存的基因中的生命習慣去除，用全新的觀點來從事整個人類文明的運作。

要達到內在的自由與幸福，「自覺」是重要的力量。

幸福國度不丹，認爲心靈修鍊是幸福的要素之一。不丹人認爲，不論哪一種信仰，「自覺」是每個人心理進化的目標。這不是用來向外控制外界，而是向內迴觀，讓我們能瞭解自心，以及自心與外境的關係。

佛教擁有一個改造人類最重要的生命技術——「禪定」，西方國家所說的「冥想」，透過靜默來沉澱思慮，產生內在的自由與超越。這種自覺的狀態，是擁有幸福人生的基礎。我的一生致力於禪定的研究與教學，深知禪是人類文明最精粹的一部份，不單屬於宗教，而應該是全人類共有的文明遺產。

透過禪定，產生生命的自覺，超脫我執本能的控制，可以讓我們身體更健康，情緒更和諧，有更偉大的慈悲心，讓人類走向幸福光明的未來。

人類文明依於人類原始本能而逐漸遷變，但思惟的盲點如果不去除，那麼人類的文明是不可能找到圓滿幸福的。這並不是否定人類文明的外在成就，而是人類文明的盲點，長久以來並未改變，恆遠的以人與人，階級與階級，社會與社會，國家與國家的抗爭方式出現。這層根本的我執若不消融，如此在人類能力的發展擴大之中，終有一日，整個人間將無法承擔而崩潰。因此，人類必須學習去除自我的執著，以全法界的觀點，來看待個人、社會、國家、世界，追求全體生命共生共榮的幸福。

祈願世間現前的危機與動盪，能激發出我們更深的願景、更大的執行力，創造個人及地球全體生命的光明幸福，共創幸福地球！

第三章 和平地球

天命之謂性，率性之謂道，修道之謂教。道也者，不可須臾離也；可離，非道也。是故君子戒慎乎其所不睹，恐懼乎其所不聞。莫見乎隱，莫顯乎微。故君子慎其獨也。喜怒哀樂之未發，謂之中；發而皆中節，謂之和。中也者，天下之大本；和也者，天下之達道也。致中和，天地位焉，萬物育焉。

——《中庸》

䷞咸：咸，亨，利貞，取女吉。

彖傳：咸，感也。柔上而剛下，二氣感應以相與。止而說，男下女，是以亨利貞，取女吉也。天地感而萬物化生，聖人感人心而天下和平。觀其所感，而天地萬物之情可見矣。

——《易經》

日月大光，天下和平，上下俱昌，延年益壽，長世無極。

——前漢 • 京房《易傳》

和平地球・吉祥

歡喜吧！讓我們從敵對的煩惱中解脫
開心吧！朋友且莫排斥自己　傷害自身
在共同母親地球的擁抱下成為姊妹兄弟
對自己不要那麼的見外
無妨好好的相互照顧自己的身體、心靈
讓心平澄　呼吸快樂安詳
這就是喜樂人生的起點
完全放下　澄澄淨淨的　定
沒有對立　地球和平
吐盡敵對痛苦的懊惱　吸盡天際光明的彩虹
讓身心活成了最最晶美的彩鑽
把痛苦黑白的人生　彩繪成了喜樂的證明
我們心靈的顏色　就像鑽石的晶面

明晰的浮現所有的宇宙人生
沒有自私　只有關愛
喜愛自己　更歡喜他人
從自心最深處的喜樂中觀照
讓自己與自己的聯結成永不失散的圓

與自己永恆的和解　更關懷摯愛的人
圓與圓聯結成無終止的圓
寂寞永逝　富饒已生
摯愛的人都離了苦得了樂
所有苦難眾生的寂寞
都在一心歡喜中溫解
地球將在無邊無盡的大宇宙中
共同來圓成喜樂的生命

永遠和平　永遠和平
一心祈禱　永遠和平

一心　冥想　淨念
一心……
讓我們的心種下覺性的和平
用悟聯網相互聯結 開創出覺性的雲端
和平地球 永續人間的幸福光明

用慈悲的心　智慧的念　澄靜光明的手
送走所有苦難　讓心中最厭惡的敵人
是我們善友親朋　與我們一同欣喜快活

在地球母親的和平見證下
與所有的心靈　化成無盡的圓
開創地球時代的黃金新世紀
記錄我們的和美、光耀、悅樂
供養最最吉祥的地球母親
和平地球　地球和平
禮敬最偉大的母親

和平地球始於和解自心

剛強的人類文化，從帝國發展、工業革命之後，現在也到了如同圍繞著月輪而行的時間軌跡一般，剛剛攀到了明月的頂端，再來應當順勢柔和而下，學習與一切法界的一切圓融共生，否則人類與文明勢將逸出明月之外，進入無盡黑暗的夜空。

由於人類還沒有進化圓滿，所以對於大地萬物，其他生命，乃至其他人類，都只會裝腔作勢的恐嚇、殺戮，因爲人類還沒有信心來寬容、溫柔。小至人與人之間的摩擦，大至族群與族群之間的對立，乃至國家與國家之間的戰爭，未來的星際大戰，種種由此而生。

二〇〇一年，阿富汗巴米揚大佛被炸毀的景象，震驚了世人。一生奉守和平非暴力的佛陀，會如何面對這個景象？

巴米揚石窟的空氣中尙瀰漫硝煙，在揚起的塵沙中，我彷佛看到佛陀與侍者阿難寂靜地走來。經過石窟，阿難看著被炸毀的大佛，忍不住停下來，傷心不忍地看著。大佛身上被鑽孔埋入炸藥的殘痕，隱約可辨。

矗立了一千五百年的巴米揚大佛，曾是世界上最高的立佛，高五十五公尺，沒有被天災地變毀損，而是在人間的仇恨對立中灰飛煙滅。

阿難轉頭看佛陀，卻發現佛陀甚至沒有停下腳來，寂靜地往前走，神色平靜如常。

阿難回頭看看殘毀的大佛，似乎想說些什麼，最後搖搖頭，歎了口氣，繼續跟著佛陀走了。聖者安詳的身影，漸行漸遠，隱沒在爆炸後的塵灰中。

這幕心景，是促使我畫下人類史上最大佛畫的主因。

我決定一個人獨力完成一幅人類史上最巨大的大佛畫，來彰顯佛陀永遠的和平、智慧與慈悲的心念，以大佛做爲覺性雲端（Awakening Cloud），做爲聯結眾生覺悟的平台。

大佛就像一面鏡子，每一分一寸都是以慈悲、智慧的正念所聚合而成的佛身，當每一個人觀看大佛時，看著佛身無執、放鬆的身形，透過「鏡面神經元」的原理，細胞自然學習，身心就自然放鬆、放下了，更多人看到大佛，社會和諧了，地球也和平了。

和平的地球，必須從我們每個人與自己的和解開始，從我們與環境的和諧開始。只有慈悲的心靈才能帶來長遠與完全的喜樂。只有眞愛自己，眞誠的與自己相處，讓自己快樂，才能推己及人，讓摯愛的親人、朋友與一切與自己相處的人，眞正的快樂。從自心眞誠的歡喜，才有和樂的家庭，和諧的社會，乃至和平的地球。

慈心觀—現代人的快樂禪法

現代人由於環境壓力與人際關係愈來愈複雜，火氣恐怕比古代人大多了。我們如果不能清楚觀照自己的心靈，或是增廣自己的慈悲愛心，瞋恚的心病，恐怕難以斬斷。憤怒瞋恚是很強烈的負面情緒，也是糾纏在我們的心靈之中，讓我們難以自在幸福的重要因素。

憤怒讓我們的生命變了調，讓我們的幸福產生了缺口，但是它又像是寄生在心靈深處的細菌一樣，不知何時會發作。瞋恚這種心靈病症，不只十分難纏，有時還會產生暴力傷害等可怕的結果。如果由淺至深，可以從不耐煩、不平、微慍、煩躁、煩惱、敵意、生氣、急怒、恨意、憤怒乃至暴力攻擊等。

瞋恚只能讓我們自傷傷人，有人認為，只有用威嚇憤怒的方法，才能迫使對方屈服，達到自己的目的。其實這是絕對不可能的。因為瞋恨最後只會給自己帶來無窮的回擊而已。

慈心觀是對治我們瞋怒的最好方法，而且能讓我們增加福德，尤其適合現代人的快樂禪法。

一、讓身心完全放鬆，安住於寂靜靈明

首先，我們選擇一種最適合自己的姿勢坐著，將會束縛身心的衣物鬆開，使自己的身心安住在最鬆柔的情況。

接著，讓自己的呼吸完全放鬆，使呼吸綿綿密密的又柔、又細、又長，不必控制，而是身心放鬆，純任自然，呼吸自然就調柔了。我們眞正的放下心，不要再提起心、吊起膽了，心臟自然的放鬆、放下，心情放輕鬆，不要再生氣了。

二、用一切心力，完全慈愛自己

再來，我們要從澄靜的心中，自然的生起甜美的喜悅。

慈心，就是給與喜樂的心，慈心的禪觀能讓我們獲得沒有瞋怒、沒有怨、沒有憤恨、沒有苦惱的心，讓我們的心靈充滿了無邊的光明喜樂，這是我們送給自己最好的心靈禮物。

而慈悲的喜樂，將帶給我們廣大的福德，讓我們歡喜吉祥的過著生活。

現在我們要用一切的心力來慈愛我們自己。

在這世界之上，只有一個人從白天到晚上，從清醒到睡眠，時時刻刻、日日夜夜的與我們相處，甚至從過去到此生，從此生到來世，也不曾遠離我們。

他比我們最摯愛的人更親密，比父母、比子女更親近，我們一生的幸福歡樂，只有他能與我們完全共享。是的，他就是你自己。

慈愛自己並不是自私，因爲自私會傷害自己，慈愛自己是光明、喜樂，自私是幽暗、沉重。慈愛自己是讓自己身心統一，發光、發熱，有能力熱愛自己，更熱愛別人；自私是讓自己分裂、偏邪、冷漠，讓自己受到傷害，更去算計他人。

現在，我們讓自己心中生起甜美的悅樂，沒有造作，完全自然，就像春陽普照、春風拂香一般，心完全澄靜，意念完全統一，一心的慈愛自己。

三、在澄清的心湖中，觀想摯愛的人喜樂

最喜樂的心，是完全寂靜而廣闊的，就像朝陽初起，大地同受春暖，空氣是那麼的清香。

現在，我們安處於一心的悅樂之中，沒有任何的波動，就如同無比清澄的甘泉，沒有任何一絲的雜質一樣。

此刻，請用宛如淨水澄清般的心鏡，投映出自己心中最摯愛的人，不管是父母、子女、配偶、親友，或是最崇仰敬愛的人，就將我們的心念完全投注在自己最摯愛的人身上。

沒有任何的情緒波動，只有最眞心的平和慈愛的關注。仔細思惟，我們現在具有最喜樂的慈愛自心，也受用了最喜悅的幸福，現在一定要將如此完美的喜悅，給予最摯愛的人。

四、以廣大有力的心，觀想無數親愛的人喜樂

由於我們的自愛，加上對摯親的人慈愛的力量相乘，我們的慈愛心力，變得十分的廣大有力，就如同充沛的泉源，能夠流出無量慈愛的甘泉。

現在我們還是從喜樂而清澄寧靜的心中，生起觀照，就如同馬爾地夫海水，來映照晴朗的天空般那麼明淨。

我們心中，現在不只映出自己最摯愛的人，並且繼續投映出其他摯愛的人，父母、夫妻、子女、兄弟姐妹、親友、同事、同學、欽敬的人……，依著自己的心力，漸漸的浮現在心海中，一心的慈愛他們。要觀想他們都是那麼的歡喜愉悅，沒有任何煩惱的陰影。

我們可以慢慢的練習，以熟練這個慈愛的觀想。從一位、二位、三位、四位……，慢慢的逐次增加，將他們的喜悅觀想清楚。當心念有混亂時，再攝心回來，使心念明晰，如同大海印照萬物一般。

現在，我們經由慈心的觀想，從最摯愛的人開始，逐漸擴及了我們所摯愛的其他對象，再擴大到我們的親朋好友。

我們所有親愛的人，都在我們的觀想中，變得那麼喜悅、快樂、滿足，這眞是太美滿了。

這樣的觀想，除了能幫助我們增長心靈的喜樂，療癒心病之外，所有我們觀想的

人，都會實際受到慈心觀想力量的照拂，在他們的心中，其實都會收到這種最深刻有力的心靈電波，而受到益處，對他們的身心都會有極佳的助益。

五、觀想世界上所有苦難的生命，完全具足喜樂

慈悲的心靈是我們本來就具有的。慈愛的觀想，能幫助我們將這種慈悲的念力轉成喜悅、幸福、快樂，將這種本有的心靈擴及到無邊廣大。

我們觀想自己所有的親友快樂、幸福之後，現在我們的慈愛心力，已達到了更高的境界，我們現在可以把這種喜樂的心相再擴大了。

我們現在可以觀想這世界中有許多可憐的人，他們受到了各種天災、人禍、病痛、貧苦，在台灣、大陸、亞洲、非洲、美洲……，在世界的各個角落中受到無盡的苦難。

我們可以先從自己最關懷的苦難人群觀想起，觀想他們的所有的苦難消失了，不管是飢寒的兒童、病苦的大眾，我們用慈愛的心力觀照他們的苦難消除、身心康健，也同樣具有吉祥的歡喜悅樂。

接著觀想全台灣人、全中國人、亞洲人、全世界的人，都有無窮的喜樂幸福。如果相信宇宙中還有其他生命的人，則可以擴大到太陽系、銀河系乃至全宇宙，天界或佛國等無邊世界的生命，都充滿幸福、光明、快樂。

當然，在世間，除了人類之外，可以加入各種動物、植物乃至大地萬物，一切都

是那麼的吉祥、歡悅，這就像孔子所說的：「親親而仁民，仁民而愛物」吧！

六、以公正、智慧的心靈觀察瞋恚的本質

現在，我們自身的心靈完全統一了，完全呈現著喜樂與澄靜，其實我們早已超越了所有的瞋恨，但現在我們要使慈悲的心靈再達到更深的境界。瞋恨的心是外來的，並不是我們心中本有的。

而瞋怨憤怒的對象，是我們用瞋恨的心去找來的，雖然說可能有一些因緣條件，但有時也十分無辜。現在我們不只有能力處理瞋恨的心病，更有能力轉化瞋恨爲慈愛，這是我們人生中了不得的奇蹟！

現在，請用澄靜的心靈，浮現出往昔所瞋怨的人、事、時、地、物，並明白的觀照，爲何過去會瞋怨的因由。

沒有情緒，只有透明、只有喜悅、只有觀照眞相。

讓瞋恨羞慚的遠離，在它的身上烙下銘記，不准它再進入我們的心田。喜樂光明，才是我們心靈的主宰，現在一切都是那麼清楚明白。

七、讓所有的怨仇在慈愛的光明中消融

心中沒有了瞋恨，所有憤怒的往事，都已用慈愛消融了。

我們現在應當用那無比高貴清涼的慈愛歡喜，使人生更加的圓滿。對所有瞋恨的人歡喜吧！在清靈的心中，看到這些往昔與我們，有田螺冤、老鼠仇的人，都充滿了歡樂幸福。

八、以具體的行動在人間實踐慈愛

現在我們的心已完全打開了，平靜的心海，有著無限的澄明，我們的心海全部是歡喜悅樂，全身都散發出慈愛的芬芳。

智者無怒，因為瞋怒、無明，到不了智者的身旁。

慈愛者歡喜，因為只有慈悲歡喜，才能讓心靈的光輝永續呈祥。現在是行動的時候了，我們從慈心觀中覺起，到人間去行慈，讓自己的歡喜慈愛，增長自己的摯親好友，乃至一切的生命，歡喜慈愛、快樂的，圓滿智慧慈悲的和平地球！

第四章　覺性地球

我不成熟衆生，誰當成熟？我不調伏衆生，誰當調伏？我不教化衆生，誰當教化？我不覺悟衆生，誰當覺悟？我不清淨衆生，誰當清淨？此我所宜、我所應作。

——《大方廣佛華嚴經》卷第十九〈十行品〉

彼諸菩薩深入如來功德大海。入已，於菩薩身中、及樓閣中，莊嚴具中、師子座中、以樂法力故；不可思議力故；於念念中，各放無量光明雲，普照法界，覺悟衆生。

——《大方廣佛華嚴經》卷第四十五〈入法界品〉

我常語諸衆生：「但斷三界無明盡者，即名爲佛。」自性清淨，名本覺性，即是諸佛一切智智；由此得爲衆生之本，亦是諸佛菩薩行本。

——《仁王護國般若波羅蜜多經》〈菩薩行品第三〉

覺性地球・明悟

現觀澄淨　一心
光明的境　會入了圓滿澄清
豁然寂淨……
大空的身　化入了圓明無相
現前寂淨……
至柔的脈　注入了宛轉流明
如實寂淨……
最鬆的呼吸氣息　現空成明如幻
現成寂淨……
如如的心　本然是明空無念
圓滿寂淨……
就如同純金的融化一般　宛轉流明
圓滿的境　融入了大空的身
大空的身　流入了至柔的脈

至柔的脈　化成了最鬆的氣息
最鬆的氣息　現前圓成如如的心
於是一切現前的光明遍照
是我們覺悟的心

覺性的地球　光明的母親
於是宇宙現空
從燦然不可得中
化成了無比清淨光明的霓虹
就像千百億個太陽般明亮
如同水晶更加的明透
宛如彩虹般沒有實體　相互照耀
這無比自在的遍照光明
我們的心是遍照的光明
地球母親的遍照光明
全宇宙、全法界都是遍照的光明

一切吉祥圓滿　相互明照
無彼無此　同體相耀
所有人類及眾生都覺悟的圓滿合唱
成了在宇宙中最歡喜的時節
觀照本心的明悟
讓我們心中光明、平和、覺醒
體悟微妙真實的心性
用無比勇猛的自信、無畏
讓所有無知、愚痴　離開我們的心靈
把痛苦、壓力、煩惱、嫉妒
化成了喜樂、鬆柔、智慧、慈愛
來吧　覺悟者！
讓自己、摯愛、一切親友、地球人
讓無盡的生命
在自心的光明中成為永遠的喜樂覺心

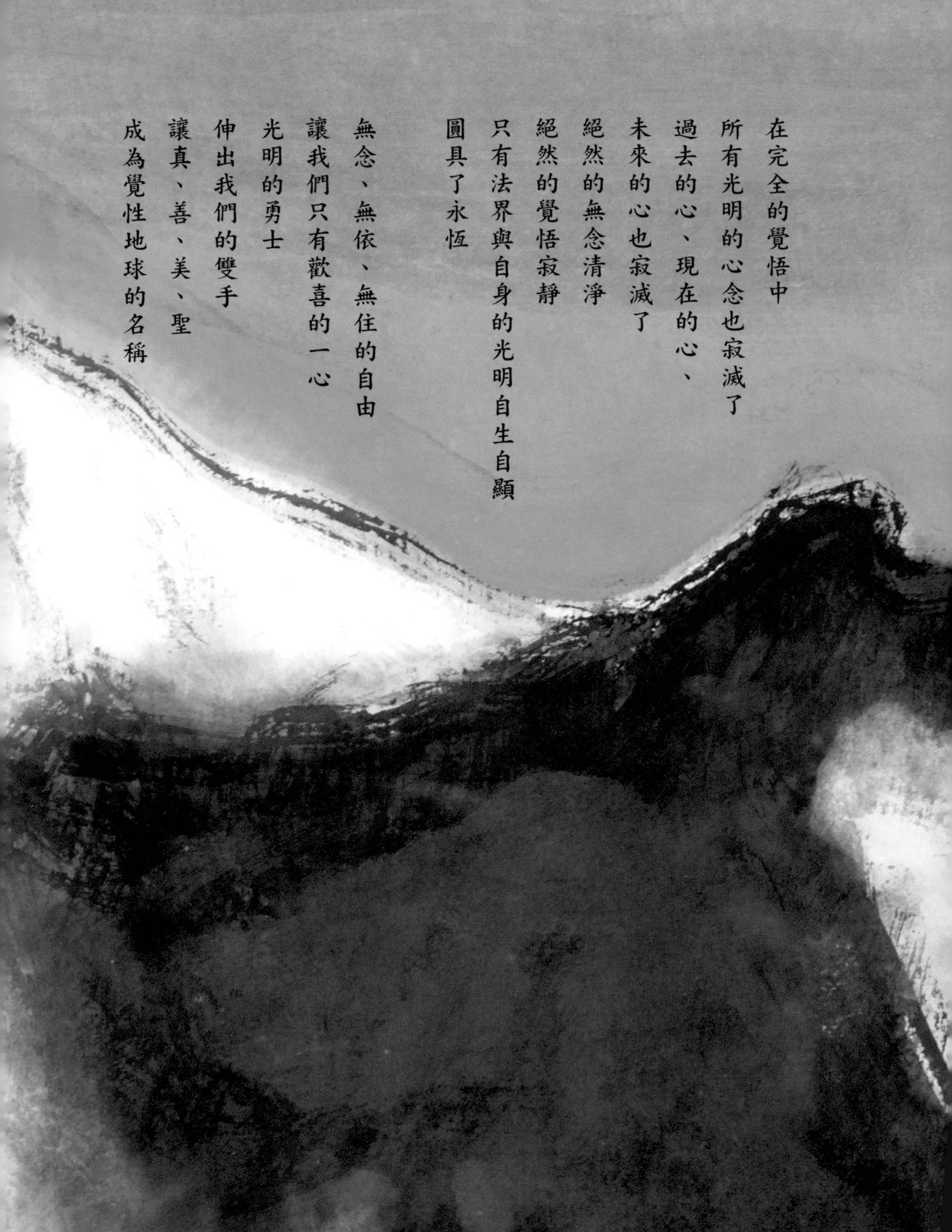

在完全的覺悟中
所有光明的心念也寂滅了
過去的心、現在的心、
未來的心也寂滅了
絕然的無念清淨
絕然的覺悟寂靜
只有法界與自身的光明自生自顯
圓具了永恆

無念、無依、無住的自由
讓我們只有歡喜的一心
光明的勇士
伸出我們的雙手
讓真、善、美、聖
成為覺性地球的名稱

心念的覺醒與和解

事實上，我們生命的根本傾向，應該是趨向和諧統一的。分裂、對立，是違反我們本心的。當我們的心念與自己的心念爲敵時，心意識就會製造許多的虛妄的假象來欺騙自己，爲自己創造惡夢、惡運，自己設出許多陷阱來陷害自己，讓自己心情不好，讓自己的心念虛華不實、飄浮，產生種種妄想、恐怖顛倒。

二〇〇二年，我在台灣九份主持禪修時，隨著當時的因緣而自然宣說了「沒有敵者」的禪法導引，幫助大家從自心到對生命、法界的完全和解，統一和諧。這不只是理論，而是完整的練習身心和諧的禪法，如實地運用在生活當中，不管在起心動念之間，在呼吸之間，從心念、呼吸、氣脈、身體到外境，發生最深沉的和諧。

當我們與自己的心念和解時，就不會故意製造出各種負面的心念、各種顛倒夢想，而能遠離所有的恐懼，就如同《心經》中說：「菩提薩埵，依般若波羅蜜多故，心無罣礙，無罣礙故，無有恐怖，遠離顛倒夢想，究竟涅槃。」

我們這種種負面心念的產生，都是來自於自己跟自己心念敵對，所以，我們跟自己的心念要相互和解。當我們的心念和諧統一時，才能如實地觀察萬事萬物，而不會有種種先入爲主的偏見。這時，我們才能當下觀照一切實相的本質，這樣的觀照就是般若智慧。

《心經》中如此描述：「觀自在菩薩，行深般若波羅蜜多時，照見五蘊皆空，度一切苦厄。」五蘊就是指身體、感受、思想、生命意志、意識。如果能觀照到這五蘊都是不斷變化的，虛幻不實的，空的，不斷變動的，所以能夠度一切苦厄。

所以，當我們心中不生起臆想分別、各種對立的心念，不再與自己為敵，讓心與身體完全的融合，就能如實觀照實相，超越一切的虛妄，產生正念。如果我們心中沒有負面的情緒、負面的力量來拉扯自己，我們心中自然充滿光明、喜悅、正直與智慧。

呼吸的覺醒與和解

除了我們自己的心念與心念和解之外，另外與心的關係非常密切的，就是我們的呼吸。

當我們與呼吸為敵，我們就與她站在對立的立場，呼吸與心就像兩個仇人相見分外眼紅，兩個都是步步為營，呼吸就更緊張了。

因為我們自己未曾帶給呼吸溫暖，所以，當氣息進入我們們身體時，她好像是一位外人，無法與身體相合在一起，不能平和地與身體交換能量，也就無法供給身體最好的力量，不能提供光明的氧氣給我們。這一切都是因為我們一開始就就敵視呼吸，好像她不屬於我們身體的一部份。

是不是這樣呢？我們現在可以仔細觀察自己的心念，觀察進入我們身體的呼吸，看看氣息進到我們身體裏面的感覺，是僵硬的？還是和順的？

我們呼吸的氣息，就像大自然的「風息」。風息有許多的相貌，有暴風、有和風，有能夠吹暖山河大地、讓整個世界欣欣向榮的春風，充滿正面力量，也有充滿負面力量的風，就像颱風、龍捲風，造成巨大損害。

我們可以觀察自己的呼吸、如果我們呼吸進來的空氣是凝滯的、緊張的，呼吸也變短促了。這樣的氧氣就無法充份滲透到身體的每一部份。由於氣息是凝結的、緊張的，因此她跟我們的身體也不能相融，我們必須耗費更多的能量才能與她交換。我們和呼吸之間沒有相互合一的關係，卻像是爾虞我詐的商場關係。

有了以上眞確的認知與觀察，我們現在把心念放下，敞開心胸，吸氣時，我們迎接吸進身體的空氣，邀請她成爲我們身體的一部份。呼氣時，我們歡送她，感謝她將家中多餘的濁氣帶出，她是多麼好的能量供應商與環保者。

呼吸如何對待我們，完全是看我們如何看待她。當我們緊張的看待呼吸時，呼吸就會跟著緊張；當我們放鬆的看待呼吸時，呼吸就輕鬆了。

因此，我們用最放鬆的心情來看待自己的呼吸；用光明、沒有執著的心來看待呼吸，用智慧的心來看待呼吸，將它當作我們自己，讓呼吸完全與我們交融爲一，此時，呼吸就成爲我們自身了。

當我們有了這樣的體悟，現在，再觀察一下自己的呼吸，是不是變得柔軟了、和順了？吸一口光明的氣息，氣息就化成光明進入我們的身體。我們準備最舒適的空間，讓氣息受到最溫暖的招待，這時呼吸會覺得很舒服，與我們的身體完全融合爲一，不再格格不入。

而身體最舒適的空間，莫過於我們將中脈打開，讓氣息進入，讓氣息進入到我們身體的最深層。

我們觀察氣息進入身體的途徑：現在氣息進入鼻子、喉嚨、喉輪，到達兩乳之間的心輪，進入心輪的最中央，氣息從心輪的最中央注入了能量，如此一來，我們的心就打開了。接著，氣息進入我們的臍輪、海底輪，進入身體的每一部份。

她開始從海底輪進人我們的骨頭：從髖骨、膝蓋、腳踝、腳掌、十趾，進入我們的五臟六腑，頭、目、腦、髓，從心到身，完全相融在一起，我們的心與呼吸完全相應，心與氣息完全融合在一起了。

當心、呼吸與身體，三者完全融合在一起，我們的身體就像一個水晶柱一般，光光亮亮、明明透透的，竄流在其中的呼吸，就像串珠的絲縷一樣，也就是像念珠的線一樣，貫穿在裏面，我們的身體就像晶透的寶珠一般，而氣息的縷線貫串其中。

當我們觀想中脈的呼吸時，身體扶直起來了，整個脊椎骨就像吹飽氣的氣球一樣，完全不費力的直起來了，不再無力的彎腰駝背，身體自然保持著良好的姿勢。

在這樣的體受中，我們明瞭：當我們正面看待呼吸、光明的看待呼吸時，我們的心念與呼吸，很自然地完全統一了，我們把呼吸當成自己、她就展現出她應有的角色。心莫與呼吸爲敵，而是讓我們的心與呼吸相融爲一。

氣脈的覺醒與和解

接下來，讓我們的心不再與氣脈、經絡爲敵。當我們有著對立態度時，氣脈經絡就開始緊張了。脈一緊張，就變得僵硬了，阻止了我們身體的循環。就像一個受到驚嚇小孩一般，緊縮在我們身體的每一個角落，無法開展、暢通，身體的內分泌、血液循環就結滯不通了。

了解這個因由之後，現在我們要勇敢光明地看待她，讓身體的經絡、氣脈，完全和我們自身和諧統一，暢通無阻。

我們想像自己的氣脈，就像虛空中的彩虹沒有實質，她像太陽一樣光明，每一條氣脈間相互照耀明透，遍照光明。

我們呼吸的氣息，與每一條氣脈經絡，完全相合爲一，完全放鬆了，整個身體的每一部份都暢通了。這就是我們自己，就是我們的氣脈、我們的經絡，身體所有的障礙都消失了。

身體的覺醒與和解

當我們和氣脈和解之後，身體的每一條氣脈，都像光明、明透的輸送帶一樣，從整個身體的正中間，宛轉到每一個骨頭，乃至指甲，全身的每一部份的能量輸送管道都是暢通的。

接著，讓我們的心念與我們的身體爲友，我們的心念要視自己的身體爲自身，不要與她爲敵。

只要我們心念一緊張，呼吸就跟著緊張了，於是身體的每一節骨節，也跟著開始緊張，這時骨頭表面就不平滑了，充滿了粗糙面，變得不結實了，變得僵硬易脆，容易受傷。所以，一個緊張的人，當他摔倒時，很容易就受傷了。

現在，我們將骨頭完完全全鬆開，因爲我們願意接納它，讓骨骼就像楊柳一樣，在微風中自然的展開。身體完全的放鬆，心跟身體完全統一，我們的骨骼、肌肉、皮膚、骨髓、五臟六腑，完全和諧統一，視她們爲友，視她們爲自己，不要與她們爲敵。

整個五臟六腑、整個身心骨髓、完全的統一了，我們的心、氣、脈、身全都統一了，完全沒有緊張對立了。這時，我們的身體她就充滿了光輝，因爲她得到了溫暖，受到正面的對待，受到光明對待，因此她們就用光明的姿勢、展現在我們面前。

正如同量子力學所說，這個世界正用我們觀察她的姿勢、心念，來展現我們所要觀察的現象給我們看。事實上正是如此。

外境的覺醒與和解

真正的宇宙，就像在鏡中相映，或是水中倒影一般，這是宇宙的實相。

我們心的宇宙，正對我們展現出她的面容，所以何不讓我們身心完全統一，跟整個宇宙和諧統一，讓我們展現出最好的光明一面。

我們不要與環境為敵，與外境為敵，當我們與外境相互對立時，我們與外境就產生隔閡，就限制了我們自己，讓自己這一個小我，永遠踏不出去。

一個圓滿的生命，連大我都要拋棄了，更何況是小我？無法拋棄小我，如何能進入到和諧統一的境界，又怎麼能夠拋棄這整個統一的境界，進入到絕對的空呢？

當我們看待外境時，以惡臉相向，這時，環境也會如同迴聲一樣，她同樣回過來恐嚇我們。

所以，我們跟整個大自然、整個外境、整個宇宙、所有的外人、身旁的陌生人，都把她們視為我們自己。

想想看，我們看每個人似乎都不同，但是當他們在一片電視牆上一起出現時，我們看到的是一面電視牆，她是統一的，無法切割的。我們不會只看著電視牆裏面某一個部份，否則是無法看到完整的影像。我們必須統一的看待她。每一個自我，其實就像我們身體裏面每一個細胞一樣。其實她是完整的展現，所以根本也沒有自我可得。

現在我們跟這整個外境，跟我們看的所有人，把她們當做自己統一的一部份。我們看待山河大地，也是如此和諧統一的面對她。

我們走路的時候，請大家溫柔的對待大地。不要粗暴地踏在大地，就像在對她發脾氣一般，這樣只會讓負面的能量反彈，傷害我們自己。

當我們溫柔的對待一切外境，這個世界就會用同樣的眼光來面對我們。當我們觀想外境是晶亮的光明，她所看到的我們也是光明所成。我們如何看待外境，她就如何反饋我們。讓我們與外境完全相融爲一吧！

讓我們與心、氣、脈、身、境徹底和解，融爲一體，心中的緊張、執著、敵意，完全的放下了！從自心到宇宙，到達最深沉的和諧，我們的生命就自然自在了！當下的一切都是清淨、光明、自在。

第五章　圓滿地球

天長地久。天地之所以能長且久者，以其不自生，故能長生。是以聖人後其身而身先，外其身而身存。非以其無私耶？惟其無私，故能成其私。

——《道德經》

入無量眾生界，入無量諸佛教化眾生法，入無量世界，入諸佛無量清淨國土，入無量諸法差別，入無量諸佛智得無上道，入無量諸劫數，入無量諸佛通達三世，入無量眾生欲樂差別，入無量諸佛色身別異，入無量諸佛知眾生志行諸根差別，入無量諸佛音聲語言令眾生歡喜，入無量眾生心、心所行差別，入無量諸佛隨智慧行，入示無量聲聞乘信解，入諸佛無量說道因緣令眾生信解，入無量辟支佛智慧習成，入諸佛無量甚深智慧所說，入諸菩薩無量所行道，入諸佛無量所說大乘集成事令眾生得入。

——《大方廣佛華嚴經》卷二十〈十地品〉

以是方便普攝眾生，教化成就具足圓滿，皆令得出生死苦難，救護饒益，不望其報，作意平等，心無分別，淨治一切眾生心寶，令其生起於一切佛一相深密同一善根，

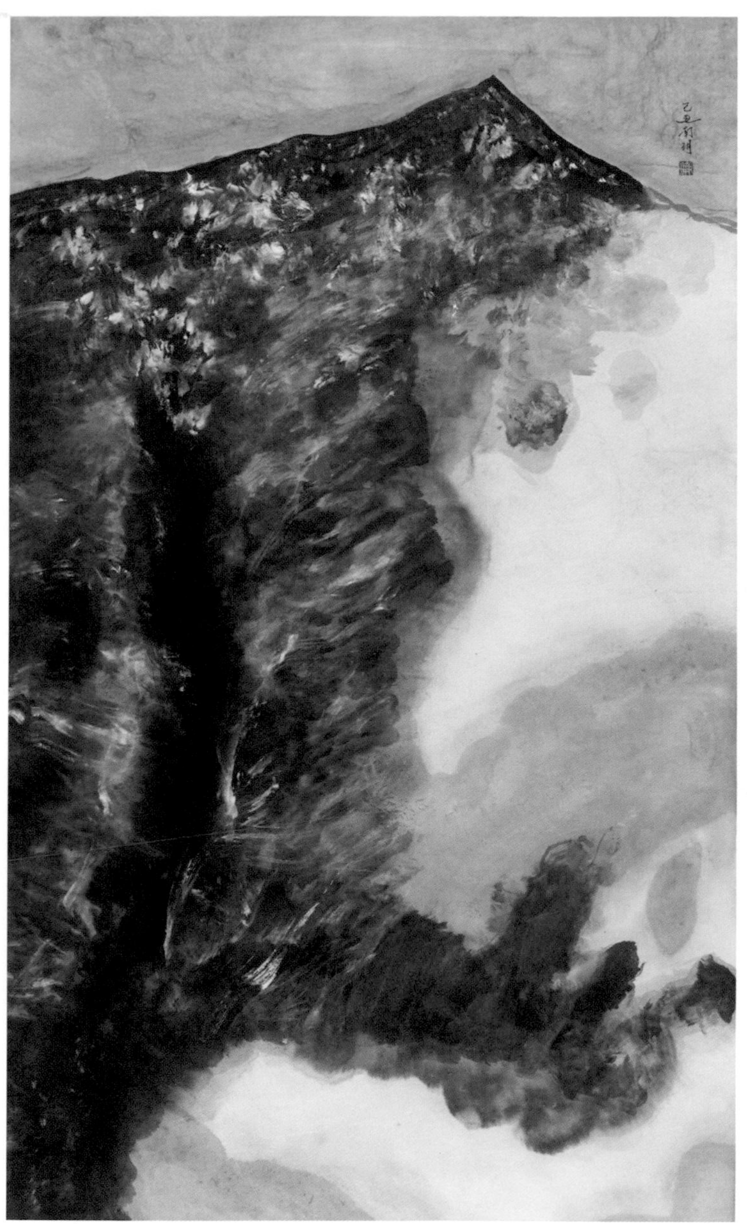

應眾生心作眾資具，攝取眾生，增一切智，速疾圓滿福德大海。

——《大方廣佛華嚴經》卷二十二〈入不思議解脫境界普賢行願品〉

圓滿地球・淨土

用平和柔軟的心
向您祈願
用溫柔謙卑的心
向您祈請
在慈悲與智慧的心靈注照下
轉化成了光明
在母親地球照拂下
讓我們自省觀照
我們昇華了生命
一連串人類的名字
在廣大的時輪中轉動
銘刻在宇宙時空的軌道

在這廣大的時空劇場
大地之母的撫育
創造出人類那麼偶然的因緣際會
現出這不可思議的情境

宇宙史正客觀的記載著這段事實
卻容我們一心的祈請
地球母親圓滿的現出清淨本貌
讓我們安住在這光明的樂土
永遠不再病痛、苦難
只有幸福的光明永續
只有安喜　不再憂傷
地球母親　您是人類的依怙
守護著人類
在生命的無盡旅程中
進化成更圓滿的生命

願您　柔和的智慧與慈悲的威力
讓人類的身體
不再受到所有地、水、火、風、空等
災難與疾病的侵擾
常保安康強健
讓人類的心靈不再驚恐　不安
永遠安住在歡喜吉祥的心境
讓人類具足無上的智慧與慈悲
昇華演化成無上圓滿的生命

就是這樣　一心的向您祈請
人間及所有世界成了幸福光明的淨土
讓我們身心完全的自由如同青空般的無障無涯
在無盡空大的宇宙
自在擘畫著生命光明願景
讓我們邀請所有的生命
共同參與這平等的大夢

我們的心是如此的平靜澄明
美麗的心夢成了幸福的美麗
自由自在成了我們的名字

我們心已成為光明自覺的智慧
如流水般不盡
自然無畏的開創人生的福祉
智慧、慈悲成了心的標幟
黑暗遠離人間地球母親
圓滿的未來世界
正等著我們降臨
讓我們安住在清淨的地球國土
光明圓滿覺悟
謝謝　母親

如何成為地球的良善公民

由人所組成的人類，透過特殊的進化與狂野的熱情，在數萬年的時間內，將地球生命圈構築成有意義的人間。人類像水中的布袋蓮一樣，迅速且呈幾何級數的滿布於地球，並狂野的改變地貌，將地球生命圈的一切能量、資源與生物肆無忌憚的耗盡。

人類在這一場地球人間化的戰役之中，滿足了我執、虛榮與控制欲，但同時由於不了知法界宇宙的因緣法則，也將自己推向絕滅的邊緣，引起了整個地球生命圈的反撲。現在已經到了生死存亡的臨界點，人類的上昇或下墮，已不能再僅依止於外在的科技文明，而必須有更深層的覺悟超脫；促成人類生命的再進化，人間世界的再昇華。

人類宛如地球母親的長子，我們與各種生物，同樣的受到地球母親的滋養而茁長。我們是地球生物中最聰敏者，幾乎主導著生命界的前進。但是人類同樣是一個敗家子，不僅耗用地球上最龐大的資源，而且為地球留下了無可磨滅的傷痕。人類千萬不要成為「地球之癌」，癌細胞的特色是寄宿在母體中，不斷的擴散增長，最後佔領了宿體，宿體因而滅亡，癌細胞也因而走向絕滅的命運。

人類自私的行為宛如癌細胞般在人間蔓延，而且不斷的破壞我們的寄宿母體——地球。如今地球的血管——河川，已全然中毒，地球的毛孔——森林，已燒伐殆盡，空氣已混濁不堪，地球的免疫系統——臭氧層，已遭受嚴重破壞；地球已慢慢走向死寂，人類會不會像癌細胞，走向自我毀滅？那只有靠人類自身的覺醒了。

一九八六年的烏克蘭車諾比核災，區域內被輻射感染的老鼠，雖然壽命變短了，但生育率卻提高了。一九八〇年代，我曾提出「修補地球」的觀點，然而時至今日，我們可以發現，不管是人類乃至任何物種從地球上消失，地球自有她的生路，並不需要人類保護，而是人類需要自救。

我們現前所居住的國土——地球，數百年來的科技發展，已經帶來了難以磨滅的傷害。化學食品、空氣、水、噪音、農藥、景觀……等的污染都是難以估算的。不管我們未來是移民火星，或是佛經中的他方世界，也許我們可以說，這外在的污染，離我們很遠，只要一心念佛即可往生，何必管他？

然而，正如同能量不滅定律，生命是不滅的，只是在過去、現在、未來，不斷地以各種不同的生命形式，流轉不盡。因此，我們不只要爲子子孫孫留下一片樂土，也要爲自己的未來生命留一條後路。

《維摩詰經》中說：「心淨則國土淨。」對於佛菩薩而言，娑婆世界地球本來就是一片靈山淨土；從來沒有變過，但由於我們沒有清淨的心眼，所以依舊分別了世間的好壞、美醜。我們依然限制於六根、六塵與六識之中。看看今日地球的景觀，海洋、土地的污染，每天充斥網路、手機的語言污染，當我們眼與外色的對應生成眼識，眼識生意識，心中就有了一個不好的意識種子含藏。耳聞噪音、鼻嗅惡臭、舌嚐諸毒、身觸不適、意識思惟不淨，這六識的生成，足以影響我們八識的作用，使我們心生染污，甚至罹患疾病。氣候極端化形成颶風、暴雨、雪災、洪水，人類已經開始自食惡果，我們共同生活在地球這艘太空船上，無法置身事外。

環保與護生

佛教中的放生儀式，不只是爲了祈求延生益壽、祛病消災，最重要的是慈悲心的表現。我們愛護生命，不忍見其死，並希望藉由宗教的力量，使這些生物能脫離惡趣、解脫輪迴，這是很好的行爲。但在現代社會中，放生須要講究技巧，不但涉及整個廣大的生態環境，而且需要專人加以研究。

一九八〇年代，我提出「環保與護生」的觀念，將放生提升爲護生的觀念，不只是消極在面對這些生物遭受獵捕時，才去解救它們。更應積極的促使大眾不濫捕生物，並且替這些生物創造適合的生存環境，使它們繁衍生長。

人類也是眾生，當然應受到保護。我們佛教徒除了消極放生與積極護生之外，更應爲整個人類的處境設想。在一九六五年日本〈公害對策基本法〉第一條規定「環境與經濟相調和」；但隨之而來的公害經驗，使他們改弦易轍，所以在一九七〇年，日本國會放棄經濟的考慮，將之改為「沒有福祉，就沒有成長」。七〇年代初期，英國經濟學家巴巴拉·華德（Bardara Ward）與美國微生物學家瑞涅·杜伯斯（Rene Dubos）曾合寫了一本書《只有一個地球：小心呵護這顆小星球》，開始替沉默的大地說話。

二〇〇五年，聯合國將第一屆「地球衛士」獎章，頒給不丹四世國王旺楚克陛下，及全體不丹人民，表彰他們在地球環保上的貢獻。為了保護環境，不丹憲法規定，國土森林覆蓋率不得低於百分之六十，二〇〇五年，不丹的森林覆蓋率高達百分之七十四。不丹前總理肯贊·多傑閣下曾告訴我，二〇一七年不丹的森林覆蓋率已將近百分之八十。如果換算為國土面積，以三平方公尺種一棵樹來計算，不丹相當於替地球多種了約三十億棵樹，輸出清淨的空氣供給世界。

此外，不丹採取川流式的水力發電方式取代建水壩，將清淨的水資源與其他國家共享。二〇一一年，聯合國通過了不丹的倡議，將「幸福」，納入聯合國會員國千禧發展的第九項目標，讓人們生起對幸福的嚮往之心，並願意朝向負責任的、永續發展的、共生共榮的幸福邁進。

菩薩的六度萬行，我將之總攝為兩個核心重點：「覺悟眾生、莊嚴佛土」，不丹的國家幸福力思想，為地球輸出良善的正念，幫助人們生起自覺與良知，他們對環保的重視與實踐，為地球輸出清淨的空氣、水源，正是幫助世間成為清淨的國土。在我的眼中，不丹正是一位菩薩國王帶著臣民，全國齊心實踐著人間淨土的理想。不丹的面積和台灣差不多，人口大約只有七十萬人，但是不丹為地球其他國家所做出的貢獻，可稱為是一個「富有的窮國」，卻令人肅然起敬。雖然不丹現在與未來都充滿了挑戰，但我心中有一個實踐藍圖：希望不丹在不改變現在的生活型態，能更富裕而美好。

三世的環保觀

淨土地球，除了對此時、此地、此人的當下關懷，更有著十方三世、廣大無邊的無盡關懷，我提出涵蓋過去、現在、未來的「三世的環保觀」：

一、因果的環保觀

根據因果法則，環保問題的產生絕不是單純的物與物的關係。環境的惡化是來自人心的貪、瞋、痴而化為行動，所製造出來的物理世間。因此，其改變之道，除了以物理方法防護外，人類必須從事於意識問題的檢討。

二、精神與物質的環保觀

人類如果未能理解心、物之間的相互關係，只從物質面來處理環保問題是不夠的；所以必須將環保提昇至精神層面，雙管其下，方能徹底解決環保問題。

三、三世的環保觀

依佛法的觀點，生命是不滅的，存於三世流轉不盡，所以其間因果昭然。我們不只要爲子子孫孫留下一片樂土，亦要爲自己的未來生命留一條後路。

四、無我的環保觀

環保不是個人與個人的利益抗爭，也不是階級、社會、國家之間抗爭，而是基於全體共同的生存發展與昇華；因此，必須以全體的最大幸福爲考量。

五、無常的環保觀

世間一切問題的產生皆有其原因，有原因就有辦法解決。環保問題亦復如是，找出其原因而解決之。所以無常的環保觀是一種樂觀、抱持著希望的態度，去積極創造一切生命共同發展的環境。

六、宇宙一合相的環保觀

依無我而了解脫去自我中心，以全生態的觀點來看環保；所以在此能發現整個地球是一個生命體，有機的存活著。而由此亦能發現整個宇宙的共體生活與宇宙自體發展；如此才能預防在未來的太空出現環保問題。讓全體宇宙共生共榮臻於極樂，做一個宇宙公民，讓全宇宙共迎永恆安寧。

地球這個娑婆世界，眼前或許是一片染污的土地，但她是長我、育我的地方，對於我們有無窮無盡的大恩。只要我們活存於人間的一日，就應該反哺她的恩德。世間是無常的。然而，只要我們精進努力，就充滿了向上昇華的可能性；正如同佛經中所預言，雖然在釋迦成佛之時，娑婆世界是一片穢土，但是在未來彌勒下生之際卻已經成爲清淨的國土，便是最好的明證。不管將來我們是移民外星或是他方淨土，只要我們存在於世上的一天，就必須致力於斯土斯民。只要我們共同努力，這個世界，必將成爲清淨光明的淨土！

第六章 心的地球

譬如工畫師，分布諸彩色，虛妄取異相，大種無差別。
大種中無色，色中無大種，亦不離大種，而有色可得。
心中無彩畫，彩畫中無心，然不離於心，有彩畫可得。
彼心恒不住，無量難思議，示現一切色，各各不相知。
譬如工畫師，不能知自心，而由心故畫，諸法性如是。
心如工畫師，能畫諸世間，五蘊悉從生，無法而不造。
如心佛亦爾，如佛眾生然，應知佛與心，體性皆無盡。
若人知心行，普造諸世間，是人則見佛，了佛眞實性。
心不住於身，身亦不住心，而能作佛事，自在未曾有。
若人欲了知，三世一切佛，應觀法界性，一切唯心造。

——《大方廣佛華嚴經》卷第十九〈夜摩宮中偈讚品〉

聖人無常心，以百姓心爲心。善者吾善之，不善者吾亦善之，德善矣。信者吾信之，不信者吾亦信之，德信矣。聖人在天下，慄慄爲天下渾其心。百姓皆注其耳目，聖人皆孩之。

——《道德經》

淨土復由十八圓滿事故，說名圓滿。謂：顯色圓滿、形色圓滿、分量圓滿、方所圓滿、因圓滿、果圓滿、主圓滿、輔翼圓滿、眷屬圓滿、住持圓滿、事業圓滿、攝益圓滿、無畏圓滿、住處圓滿、路圓滿、乘圓滿、門圓滿、依持圓滿。由十九句如其次第顯示，如是十八圓滿。即此圓滿所嚴宮殿，名佛淨土。

——《佛地經論》卷第一

心的地球・正念

安坐在母親地球的懷裡
本然覺醒的心自然生起
明照默然的覺念　從光明裡轉身回首
飄然現起了　了無蹤跡
那麼的寂然澄明

於是　過去心已了然的不可得
未來的心是現前的不可得
現在的心是當下的不可得
所有的妄動心意　早已會入了自然明默
輕輕把心放下　那麼全然的無念澄明
輕輕的把念放下
讓母親大地與整個宇宙融入了光明的身
身融入了脈　脈融入了呼吸
呼吸融入了心　心融入了光明的淨默

於是心完全止息了
是靜靜的　澄澄的　明淨的……
一心……
在最自在的清心中　放下一切　一切放下
連能放下的也輕輕的　全體放下
放下……到沒有了一絲一毫的罣礙
於是靜觀著朝陽的昇起
光明成了自心的唯一光景
放下身體　讓身像流水般的明淨
放出呼吸　讓呼吸如清風般的自適
放開心意　讓心靈如同妙蓮般開啟
身、息與心淨裸裸的
像千百億日的光明　如水晶般的明透
宛轉如流虹般的命入自在無實
心意自然的止息無念了
身息也安住在光明無念的心裏
默默清明的心地

如旭日飛空般宛轉明照　海印著萬丈金毫
相印相攝著無量光的心　正是真實的自心
讓心靈本靜依然本來清淨
光明的心就是光明的心

心中自然生起陣陣的歡喜、陣陣的清涼
以眼觀眼、以耳聞耳、以鼻嗅鼻、以舌嚐舌
以身觸身、以心照心
如實的觀照我們的身、語、意行
明明白白的照出真實　生命如此永恆的美聖
全身全心如同水晶般明透相照
晴空太陽般明麗　像彩虹般清靈
用最輕快的舞姿　供養母親地球
舞出幸福的人生　我們是自心的王者
在地球母親的懷中
演出光明的心靈喜劇

心意識與環境的連動

佛法中建構宇宙萬有的兩個系統：一個是物質的元素性，就是從最粗重到最細微的物質轉變次序——地、水、火、風、空、識等六大元素；另外一個就是：從最內層的心擴展到整個外境，即是心、氣、脈、身、境。

地大：顯現堅固、不動特性的實體。

水大：顯現清涼、流動的特性。

火大：顯現熾熱、昇騰特性的能量。

風大：顯現移動、轉移的動力。

空大：顯現空虛、無限的含容力。

識大：生命之心意識，為影響前五大之主體。

六大並非單獨的存在，而是交互的融入，所以水中有火、地中有水，其他四大也是如此。我們身體這個小宇宙，也是由六大所組成。在六大的交融顯現上要有一定的次第與平衡，否則身體會容易因五大失調而產生疾病。

在六大中以識大對前五大的影響最鉅，這也可以說明，享用先進科技的現代人，心識妄動遠超過古代，對世間物質環境所產生的影響。

精神污染與心靈環保

人類心識的外化，影響著整個外在環境。環保專家最感到困擾的，不是死亡河川的診治、海洋生態的重建，而是由於人類的短視、自私所導致的強大破壞力。如果我們想擁有美麗而且乾淨的樂土，是該僅做重視外在環境的保護，或者也該著手保護人類內在的精神環境，協助人們擴大視野和發揮己利利人的慈悲精神？

我們可以抗議空氣、飲水、食物的污染，卻杜絕不了內心的污染。緊張、茫然、冷酷、憂鬱、煩躁、瞋怒怨恨……正逐漸的滲入我們的心靈空間，也逐漸塑造出現代人的典型：茫然的眼神、冷漠且憂鬱的表情、緊皺的雙眉、火爆的脾氣，和一顆寂寞不安的心靈。現代人既希望和他人建立良好的友誼、卻又害怕遭到拒絕，於是人與人間顯得緊張又尷尬。人陷入了封閉的孤獨假象中，似乎人是如此獨立的空間，他可以為所欲為，可以自暴自棄，卻忽略了自己丟出去的種種垃圾，總有一天會絆住自己的出路。

這些精神的、物質的垃圾瀰漫住我們的生活領域，形成一種惡性循環，使生活品質迅速降低。至此，我們不禁深思，拜金的功利心態眞爲我們撈到了幸福？或是讓我們擁有富裕生活的同時，也賠掉了自然環境，甚至輸光了精神環境的安詳寧靜？

一九八〇年代，我提出「心靈環保」的議題，來保護人類的精神環境。這可以由三個層面加以說明。

一、減少污染：保持內心的溫柔、寧靜、安詳，不以言行惱亂其他生命，更不隨意傾洩惡劣的情緒。

二、防堵污染：常處愉快之中，杜絕惡劣情緒的蔓延。以平和的心境、清晰的頭腦，作己利利人的種種抉擇。

三、淨化污染：主動以和善的言行鼓勵一切生命爲善，以溫和的態度導引所有生命脫離不善。尋覓令生命更和悅的方法，並以之和所有生命分享。

爲了一切生命的幸福，讓我們珍惜自己本具的良好條件，珍惜每一個時刻，並盡全力實踐菩薩行，祈願經由每一個覺醒之心的相互輝映，永遠不放棄的努力，地球能早日成爲清淨的樂土！

iPhone，愛瘋

在手機和網路如影隨形的E世代，網路和智慧型手機的普遍化，LINE、微信等免費通訊軟體，讓人類身、語、意三業中的行爲能力，更加無遠弗屆，影響深遠。各種本能的、情緒的負面語言，透過網路和手機，每天快速而大量傳送，加速了世界混亂。

賈伯斯的蘋果，與夏娃的蘋果、掉落牛頓頭上的蘋果，並列為改變世界的三顆蘋果。隨時隨地滑手機，LINE和微信通簡訊，與現代人生活幾乎形影不離，嚴重地佔據了人們的心靈空間，影響了人類心識的運作。

賈伯斯的創意，加速了人類數位化的進程。二〇一二年，應邀至台灣盛和塾演講時，我將iPhone推出新機型時，瘋狂排隊等待的人龍，稱之為「愛瘋」，後來在英文郵報上看到他們依著這個詞譯成「I Crazy」。iPhone帶來了生活中的許多便利，但也帶來了許多無法回歸的變化。是生活更有效能？或是更有效能的被操控呢？老子說：「五色令人目盲，五音令人耳聾」，如何在炫目惑人科技中，擁有生命的自主權，覺性不昧？或許是後賈伯斯時代的新思惟。

特別是機不離身的現代人，手機的電磁波，加上相互發出的負面語言、心識業氣，透過手機快速互動、傳播，讓空氣瀰漫著的微負能量結集不散。霧霾和PM2.5，並不只是單純的空氣污染，它代表著粒子變粗與能量的下墮，如同《楞嚴經》中所說：「勞久生塵」一般，是人們貪、瞋、痴三毒，透過身、語、意三業的運作，投射到人間的具體影象。

早在一九九九年，微軟總裁比爾蓋茲來到台灣，發表了「二十一世紀─數位神經系統」的專題演講。然而，最後將這個構想發揮到淋漓盡致的，則是賈伯斯的蘋果手機。

二十一世紀的人類，擁有著使用電腦的聰明、及使用智慧型手機的福報，但卻還沒有足夠的智慧與悲心來善用這些工具。電腦、網路乃至手機，對人類的知識、技能有著無比的助益，但是同時也可能傷害到人的本質與心靈。

只是，當潘朵拉的盒子被開啓的時候，希望一切回復到原有的樣態已不可能，更如同桃花源被尋獲並打開了與外界交通的道路之後，就已經進入了下一輪的演化。這時，如果只是一味地回顧與懷念過去的純淨，也只是過去心識的投射而已，對現實已經難有助益了。

所以，當新的時代來臨時，雖然我們的本心不變，但是也只有了悟新的因緣思惟，來活在當下，以引導未來，才是了悟了因緣法的眞實吧！

許多科學家與科技的工作者，都像是好奇的小孩，他們一心撲向未知，希望找到新的視野、知識與技能，或是驗證事物本然的眞實——這種狂奔的動力與精進，令人贊歎；但其間的險峻，也使人驚心動魄。事實上，我們無力也不能阻止這種時空之輪的轉動，但是當那麼多新的因緣、價値被開啓、被改造的時候，我們如果不能參與其中，賦予心靈的覺知與意義的創造，使智慧的觀察滲入這因緣的事實，而讓無明本性的知能情結在其中做主，那麼只有淪爲科技的屬臣，讓人類心識的本能和無明，加速摧毀世界。

覺性在數位神經系統中的地位

當二十一世紀的電子介面，將可能全面覆蓋原有的人際介面，而產生更多的虛擬幻相時，我們如果還只是在探討「如何使用電腦技術純熟地成爲知識處理者或電腦的使用者」，那麼，人類心靈的珍貴自覺，也只有在網路和手機魔法之前迷失了。

我們必須思惟：當電腦、網際網路等高速資訊化時代來臨時，我們的資訊量、知識量與窺探能力雖然大增，但是我們的生命智慧、慈悲心、安定力到底有沒有增長呢？如果沒有增長，那麼於外在因緣迅速轉動之中，我們如何深刻地推演現有的位元與介面之眞相，以產生認知、心靈與智慧的質變，使心靈與覺性在這樣網路之中代換，成爲新的位元質數？

比爾蓋茲提出了數位神經系統理論，而在賈伯斯的蘋果手上開花結果，我們可預見人類身心與數位神經系統內外同化加速的過程。但在此處，如果沒有注意到心靈與覺性的重要，有可能在內外同化的過程中，使我們眩惑於外化物質的影相，而產生心靈認知的物化，更在物化意識的指導下，使我們的心靈全然物化了。

事實上，二十一世紀科技的發展，就是將我們自身生命系統外化的歷程。在這歷程中，讓原本在我們身體內在眼、耳、鼻、舌、身、意六根、六識的傳導系統，透過了潛在自我意識的不斷投射導引，並藉由與我們身體「地、水、火、風、空」五大質素同質的外在世界，而重顯外化我們的內在系統。

以世紀大佛串起悟聯網

二〇〇一年開始，歷經十七年的籌備，我一個人獨力完成面積超過一公頃的大佛，祈願以大佛做爲一切生命覺性的平台。

「鏡面神經元」理論（mirror neuron）認爲，生命間具有自然相互模仿的狀態，我希望透過每一個人看到大佛，自然生起慈悲與智慧。佛陀的三十二相、八十種好，是由內在圓滿的慈悲與智慧，自然外顯之相。大佛就像一面鏡子，希望每一個人觀看大佛時，看著佛身無執、放鬆的身形，細胞自然學習，身心就自然放鬆、放下了。當每個人身心的執著、煩惱不斷減少，身心放鬆、和諧，心開了，運也轉了。每一個人在家庭、公司、社會上，都成爲一個個正向的能量體，在人間的每個角落發光發熱，不斷地幫助人間向上昇華。

畫大佛，是一種修鍊的過程，不是「我畫佛」，而是「佛畫我」，必須空掉自我的執著，才能和佛的心相應來畫。在繪畫的過程中，我不間斷地持念佛號，祈願世間平安吉祥，觀想一切衆生安住在大佛的佛光中，圓滿成佛。在繪畫時，同時也擷取宇宙精華光明，加入顏料，融入佛身，讓有緣看到大佛的人，都能身心健康、安穩吉祥。

人生百歲，畫存千年，期待所有看見大佛的人，形成群聚的正念效應，串起覺性的悟聯網。

讓我們回到地球最深層的心，用智慧、慈悲去體會，地球與人類、與一切生命的關係，開啓最深層的和諧與和融，共創地球光明的未來！

第七章　宇宙地球

菩薩摩訶薩有無量道、無量道具、無量修道、無量莊嚴道。何以故？菩薩摩訶薩有十種無量道故。何等爲十？所謂：虛空界無量、法界無量、衆生界無量、世界無分齊無量、阿僧祇劫無盡究竟無量、衆生語法無量、如來身無量、佛音聲無量、如來力無量、一切智無量。

——《大方廣佛華嚴經》卷第四十〈離世間品〉

此娑婆世界釋迦牟尼佛刹一劫，於極樂世界阿彌陀佛刹爲一日一夜；極樂世界一劫，於袈裟幢世界金剛堅佛刹爲一日一夜；袈裟幢世界一劫，於不退轉音聲輪世界善勝光明蓮華開敷佛刹爲一日一夜；不退轉音聲輪世界一劫，於離垢世界法幢佛刹爲一日一夜；離垢世界一劫，於善燈世界師子佛刹爲一日一夜；善燈世界一劫，於妙光明世界光明藏佛刹爲一日一夜；妙光明世界一劫，於難超過世界法光明蓮華開敷佛刹爲一日一夜；難超過世界一劫，於莊嚴慧世界一切神通光明佛刹爲一日一夜；莊嚴慧世界一劫，於鏡光明世界月智佛刹爲一日一夜。佛子！如是次第，乃至過百萬阿僧祇世界，最後世界一劫，於勝蓮華世界賢勝佛刹爲一日一夜，普賢菩薩及諸同行大菩薩等充滿其中。

——《大方廣佛華嚴經》卷第四十〈壽量品〉

永和九年，歲在癸丑，暮春之初，會於會稽山陰之蘭亭，修褉事也。群賢畢至，少長咸集。此地有崇山峻嶺，茂林修竹，又有清流激湍，映帶左右。引以爲流觴曲水，列坐其次，雖無絲竹管弦之盛，一觴一詠，亦足以暢幽情。是日也，天朗氣清，惠風和暢，仰觀宇宙之大，俯察品類之盛，所以游目騁懷，足以極視聽之娛，信可樂也！

——《蘭亭集序》王羲之

宇宙地球．普覺

合十……一心……

向您致敬
地球母親
我們已安坐在您化成的太空船上
航向無垠的蒼穹
我們是宇宙中最自由、歡樂的遊子
用寬容、喜悅
創造幸福的人間美夢
揭開這一場宇宙中的穿越大劇
在過去、現在、未來的無時、無空中
法界雲遊
星明成瀑浪　　玉波相耀
流出了銀河霄漢

心已完全澄清
無波無浪　就像明淨法界大海
迎接著覺性地球
心已無念清淨
對著宛如自心明鏡般的宇宙大海
清晰的觀照著自己的身相
自身、地球、宇宙
所有生命與存有萬相
一切平等、平等　無二、無別
所有偏執的心相已寂滅了
只有用地球最和諧的合音唱出宇宙和平的心聲
完全明覺的自身
用最最深密的智慧觀照
由在善緣中平等的喜悅
我們完全一如的相和
偏執已不再留有任何的餘地

心是那麼的澄靜歡喜
微帶一些在時空大河流動中的悲欣交集
一切是那麼的空　那麼的如
心中已無留憾的放下所有的分別
只有覺知的智慧　無盡的慈悲
道盡了所有生命的實相
用甚深的明智描寫著平等的大悲
會萬物為一體

如樂鳴空
清唱著宇宙的太古遺音
回首家園
禮敬　母親地球
在重重無盡的宇宙大海中
自在的來去

將永遠不忘您的溫暖教誨
創造宇宙和平
覺性宇宙文明將開創
生命永住幸福、圓滿覺生

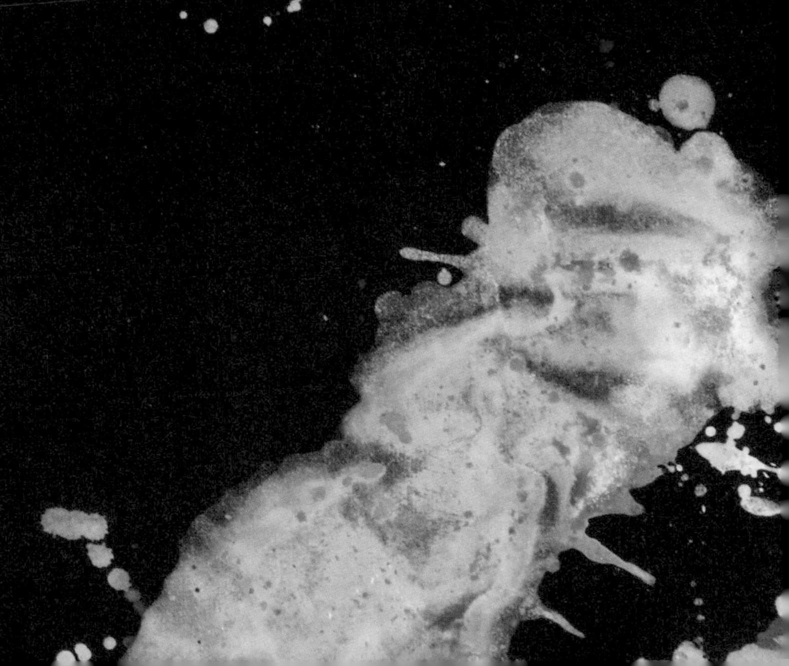

以清明覺性建構宇宙大夢

人類在數千年的歷史當中，已累積了可觀的文明，這些文明如果加以適當的整合，應該能在未來的時代中，再創人類的進化。但是人類如果不能互相合作的話，這些文明將變成衝突的根源，互相侵凌，造成整個人類的傷害甚至滅亡。

宇宙的夢，必須在一個清明的意識下勾勒出來。

未來的地球村應該是一個全球共有的組合，但每個文明要能彰顯它個別的特色，就是它必須能夠思索它能對地球村貢獻什麼，未來的地球村是共有共榮而又能保持各別特色的一個組合。

人類必須再進化，不管是生理、心理、理性、感情各方面，我們必須擁有更強健的身體、以更廣大的慈悲心與更圓滿的智慧來相應於時空環境的劇烈挑戰。而要圓滿這樣的生命進化，我們必須了悟宇宙的實相。

無盡的創化、無量的光明，十方三世的時空，現成的展現她的華姿。只有無限的眼目，才能看到這樣無礙的明空大樂。

楞嚴經中世界的形成

《楞嚴經》記載：「起爲世界，靜成虛空，虛空爲同，世界爲異，彼無同異眞有爲法，覺明空昧相待成搖……」有了意識，於是形成世界。佛經中對世界的看法就如同《華嚴經》中所說：「世界」不單指物質的存在而已，物質界是一種世界，精神現象也可以是世界，觀念也是世界。這時由塵勞煩惱起爲世界，還不是物質性的世界，然後沉靜的就形成爲虛空，再形成物質世界。

接下來《楞嚴經》中又記載世界是生成的過程：「故有風輪執持世界，因空生搖，堅明立礙。彼金寶者，明覺立堅，故有金輪保持國土。」

前面所說「搖」是作用力，這作用力引動了最細的物質性，形成色界以下的世間。這些細微物質性因虛空而振動轉動，就是風輪轉動，轉動之後就建立更堅礙的世界。這類似宇宙生成的大爆炸，因空而產生運動，意識也不斷固化，搖動與不動形成對立，建立質礙。

然後堅硬的地大（金輪）、體性開始產生，但尚未完全成爲我們現在這樣的大地，只是地大體性開始現起。「堅覺寶成，搖明風出，風金相摩，故有火光，爲變化性。」接著堅固的地大、搖動的風大二者體性一直互相運作，產生變化而形成火光，孰變整個世界，造成一小世間的生成。

而此宇宙的生成，能量迅速消弱爲變化性上，迅速促使這個世間在一定能量中變化，如：水份蒸發、溫度上升、下降。現在已無法回到宇宙初始那麼大的變化力量中，已落入空大、風大、地大、火大本身的作用中。

於是火大形成氣溫變高，物質溶化，水氣蒸出，這就是水大的形成。然後實質的世界已產生了：火往上升，水往下歸流，兩者互相堅固對立，也愈鞏固其特性，所以溼的地方就形成海洋，乾的地方就是洲陸，但是它們是互相作用、對立而成的，所以水中還有火，火中還有水的產生。如此一來地、水、火、風、空都形成了，實質世界、整個星球就產生了。至此之後交互作用，互爲因緣，就這樣世界便相續下去了。

現代的宇宙觀，由於科技的發展，所以有著更精準的描述。但對於宇宙生起變化，從無始到時空確立，《楞嚴經》宏觀地說明宇宙形成的根本過程，而在每個當下，宇宙與宇宙都在相互作用著，因爲每個人、很多衆生的無始無明都會產生，所以這世間此起彼落，有著無數的宇宙，複雜的交互生起。

華嚴經中不可思議的宇宙風貌

《楞嚴經》說明了世界的形成，而在《華嚴經》中，又告訴我們無法想像的世界風貌。華藏世界的「華」，指的是蓮華；「藏」，意指蓮華含子之處。因爲華藏世界中所有的世界、世界種，都含藏於大蓮華之中，都住在大蓮華之上，所以才稱爲「華藏」。而此華藏世界，是毘盧遮那如來在修菩薩行時，親近世界海微塵數的佛陀，修治世界海微塵數的大願，所莊嚴清淨而成的。

《華嚴經》中說整個法界是大小相互含容的世界，是無限交互圓融的世界。一粒砂中是一個宇宙，整個宇宙也是宇宙，這是第一層結構。再就更深一層來講，這一粒砂中的宇宙可以含容整個宇宙，含容整個外在的大宇宙。

再深一層，這一粒砂中所含藏的整個宇宙中，又反含藏著這一粒砂。如此繼續無限制地下去，就成爲一個無限交互圓融的世界，這就是華嚴世界。

如果我們放棄簡單宇宙的概念，放棄一是一、二是二的概念，放棄此方彼方的概念，放棄所有一層層宇宙的概念後，就能跟無限交互圓融的宇宙相應。華藏世界海是整個世界群個個是相攝無盡、相互圓融的。

這樣相攝無盡的世界，我們如何想像呢？我們可以在前、後、左、右、上、下，各放一面鏡子，當我們坐在鏡子中間，這時鏡中內有多少個影像出現呢？

就像能映照萬物的摩尼珠網互相映攝，這並不只是外在的宇宙，小至我們自身每一個毛孔也都是如此，每一個細胞也都是。互相映攝容納，以大納小，以小納大，一個細胞可以容攝大的器官等物，大的可以容攝小的，依此境界也就能夠一身遍十方法界，十方法界能集於一身。從性起反觀照到現前一切，處處皆圓，隨拈一處，無處不圓，隨拈一處即是華嚴世界海；隨拈一處，一粒沙一粒塵，同遍法界，含融一切法界，能含容無限大，也能含容無限小，一剎那能含攝無窮的時間，無窮的時間能夠含攝一剎那。這也是海印三昧的境界。

太空禪定學與人類身心進化

人類即將要進入太空世紀，地球上的生命，未來將有可能與宇宙其他星球的生命相接觸。如果能使地球成爲覺性的核心，把這種覺性的光明傳播到宇宙其他的星球或星系，也就是把地球的覺性精神奉獻給宇宙，那將是地球上最美妙與最有價值的事了！

二○○八年，我應邀到哈佛醫學院麻省總醫院，以英文爲科學家們講授「放鬆禪法」。麻省總醫院（Massachusetts General Hospital，MGH）是哈佛醫學院（Harvard Medical School，HMS）的教學醫院，這裏的教授基本上都是哈佛醫學院的教師。

二○○九年十二月，我來此參觀訪問和科學實驗期間，與「哈佛醫學院．班森亨利身心醫學研究所」的名譽所長赫伯．班森（Dr. Herbert Benson）會面，並進行了一個多小時的會談。赫伯．班森教授是將東方有著數千年歷史的傳統心靈技術（如禪定）引入現代西方醫學科學的先驅，並致力於「放鬆反應」（relaxation response）的研究，我們在放鬆對人體健康的影響、身心醫學進一步的發展方向等問題上，進行了深入的討論。

此行並和功能性核磁共振成像（fMRI）的創始人 Ken Kwong 教授合作，由我的弟子——覺性地球協會的龔玲慧會長，親自做爲實驗對象，進行「禪定及放鬆狀態下腦成像」的研究。二〇一七年起，哈佛醫學研究中心的張權博士，在美國疾管局的支持下，以放鬆禪法進行幫助重症患者復原的專案研究。

祈願放鬆禪法能做爲太空時代、未來人類面臨長途的太空旅行時，身心保持最佳狀況的方法，及開啓人類「健康」、「慈悲」、「智慧」的重要生命技術。

從「地球經濟學」走向「太空經濟學」

在地球資源過度耗用的今日，我們必須有更超越的思惟，才能超脫地球經濟的困局；而菩薩經濟思想或許是可以思索的方向。如前所述，如果經濟學始於自利，我們則可以說福利經濟是爲了自利而利他的；看起來似乎是一種接近菩薩利他的思惟，但實際上只是一種相似的行爲而已，並非眞正的菩薩經濟思想。

眞正的菩薩經濟思想，必須瞭解一切現象都是緣起性空的，只是因緣和合而已，爲了大悲的緣故，而涉入了經濟行爲，希望以最小的投入，來創造衆生的最大幸福。因此，以無相佈施的心從事自利利他的經濟運作，希望衆生在成佛的生涯中，沒有任何匱乏，能安心於道命，而淨土能圓滿莊嚴，無量光明。

在這個變動的時代，我們必須有更深刻的智慧，看到微妙的機緣，這之間的動態，正是我們找尋機會，為人類開創的新頁的新契機，現前的動盪，讓我們有更深的願景、更大的動力，為未來調整準備。

為了自利而利他的「福利經濟學」，是不夠的。如果自利的成份太重時，利他的部份就會被犧牲了。而「慈悲經濟學」，是一種主動型的地球經濟，保有對人類永恆的關懷，對現實人間永恆幫助的心態。

很快的，「地球經濟」將走向「太空經濟」，未來太空的經濟資源如何分配？這是我們必須要思惟的。我在一九八〇年代開始提出「太空經濟學」的議題，這是建構「車同軌，書同文」的概念，在整個事件發生之先，先提出一個虛擬的標準，讓整個未來外太空所有的資源，除了這些資本家、國家之外，還能為所有普遍的人類所共有。或許無法全部，但至少留下一部份給全人類共用。

佛法的無常觀，宇宙都是在變化當中，人就可以無盡的昇華，也就是說，我們可以期待每一個更好的可能。在進入太空世紀的前夕，我們是否具備新的意識革命，走向另一個未知？我們將在廿一世紀裏創造光明的人間文明，或是讓人間崩潰？

人類即將要進入太空世紀，地球上的生命，將和宇宙其他星球生命相接觸。未來，是「星際大戰」的時代，還是「宇宙共榮」的時代？二〇一八年，歷時十七年籌備的世紀大佛完成了。這幅人類史上最大的畫作，代表了地球和平、覺悟的精神。我為大佛取名為「地球本尊」，他是一尊宇宙的佛陀，他的頂髻核心為太陽，頭光是太陽系，身光是銀河系，身外為無垠的宇宙星空。大佛站立在地球上，蓮花托著地球。我用這樣的構圖，來代表地球的覺性精神，對太陽系、銀河系，發出慈悲、智慧、和平的訊息，發出覺性的光明。

宇宙地球，將是一個從「自覺」走上「普覺」的時代，讓每一個人都成為眞正的生命貴族，安然安適的在這現實生活裏面，創造每個人的眞、善、美、聖，幫助這世界成為光明的樂土。讓我們以慈悲、智慧，善加守護這艘地球太空船，讓她能承載著地球上的生命，永續在宇宙中航行，將地球覺性光明，智慧與慈悲，貢獻給整個宇宙，共創美好的太空世紀！

第二篇 大佛行動・和平地球

一、大佛的誕生

二〇〇一年起，我開始構思如何完成大佛畫，而二〇〇五年的一個覺明之夢，更讓我清楚覺知如何進行大佛行動。

有一天，在似睡非睡之間，佛陀拿了一個木牌送給我，上頭刻著「麒麟」兩個字。麒麟是中國傳說中的仁獸，相傳於太平盛世或聖人出世時才會出現。孔子出生前及逝世前，都出現了麒麟。

我收下了佛陀的禮物，心想也應回贈佛陀禮物，於是也回送了佛陀一張長寬各一百公尺的大畫，佛陀也收下了。

雖然是夢中允諾，但是，已經答應佛陀的事，就要實現，因此就確定了大佛計劃的雛形。然而爲了完成這個超越人類體能極限的任務，從二〇〇一年起，不斷的構思行動，我開始了長達十七年的大畫實驗。

世紀大佛的艱鉅工程，一路實驗，一路前進

這個不可思議的大夢，在十多年的實驗過程中，克服了無數難以想像的問題，除

了歷經三代的畫布實驗，最後大佛畫的尺寸也有所調整——夢中我回贈佛陀的是一幅長寬各一百公尺的大畫，後來由於畫作比例考量，尺寸調整爲160X62.5公尺，總面積仍爲一萬平方公尺，一幅畫有一甲田那麼大。二〇一七年上修至166公尺X72.5公尺，面積逾一萬二平方公尺，這幅史上最巨大的畫作，從畫布、顏料；定位、校正的人力；作畫、儲存的空間，在「前無古人」的狀態下，憑藉的只有一心精誠的願力，以我個人有限的資源，一路實驗，一路前進。

大佛畫布，三代演進

第一階段：世紀大佛工程，單是縫製巨型畫布，就歷時半年的時間。唯布的體量巨大，展開後變形情況嚴重，無法精確測量，以及受色等問題，無法使用。

第二階段：台灣頂尖材料學者及紡織界專家通力合作，研發出針對大佛畫傳世千年，具防潮、抗濕、低變形率特點之高科技畫布，並從瑞士進口寬幅五公尺的織布機織造而成。

第三階段：美國的力學專家加入大佛工程，以大佛布的彈性係數、密度、厚度等，進行力學計算、電腦模擬，模擬大佛完成後，懸掛時的呈現狀況。

人類史上最大畫作
超越三項世界記錄

十六世紀米開朗基羅獨力完成西斯廷禮拜堂穹頂壁畫，面積四百八十平方公尺，成爲傳世之作，一個人獨力完成的世紀大佛，面積達一萬二千平方公尺，可以說是超越人類身心極限的顛峰。

世紀大佛將超越三項世界記錄：

1 世界最大的畫

2 世界最大的手繪佛畫

3 世界最大的一人創作手繪佛畫

尺寸：72.5 公尺（寬）x 166 公尺（高）
　　= 圓山飯店兩倍高

面積：12,000 平方公尺
　　= 大於 1 甲地 = 28 座籃球場

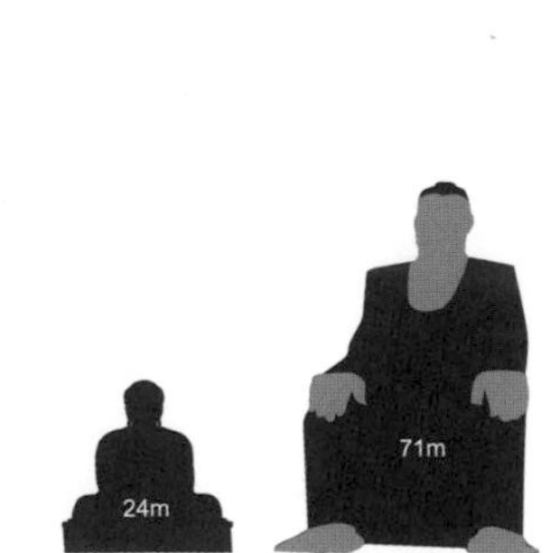

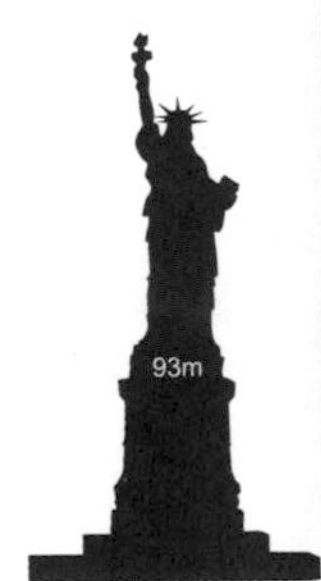

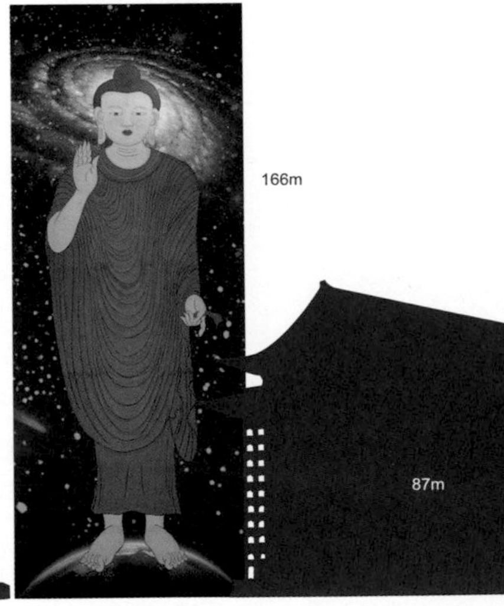

台灣八卦山大佛　四川樂山大佛　美國自由女神　世紀大佛　臺北圓山飯店

特製礦物色料
使用量可注滿
一座游泳池。

高科技顏料彩繪不朽佛身，萬古流芳

世紀大佛，以留存百千年構思，除了須採用完全無味無毒的特製顏料之外，在體量上也極爲浩大，預計得花上一座游泳池的顏料。

面積超過一甲田的巨幅工筆畫，精準定位，描繪莊嚴佛身

大佛畫布重達數百公斤，分裝於十五個裝有捲軸的特製木櫃中，每只木櫃裝上大佛畫布，重達一千公斤。做畫時將畫布慢慢捲出來，以投影機輔助定位，一個區塊畫完之後，需要四個人一起動作，將布挪動曬乾，換上空白區域再繼續畫。

苦行作畫，但願衆生得離苦

在盛暑高溫近攝氏四十度，第一階段六百平方米的鐵皮屋畫室猶如火爐，第二階段在桃園大園廠房凜冽的寒冬中，握著碩長的畫筆，經常一天站著作畫超過八小時到十二小時，持續不斷地持誦著佛陀的心咒。我的汗水濕了衣服，也滴上了畫布。願此身心奉塵刹，上報佛恩、衆生恩、父母恩，及國土恩。

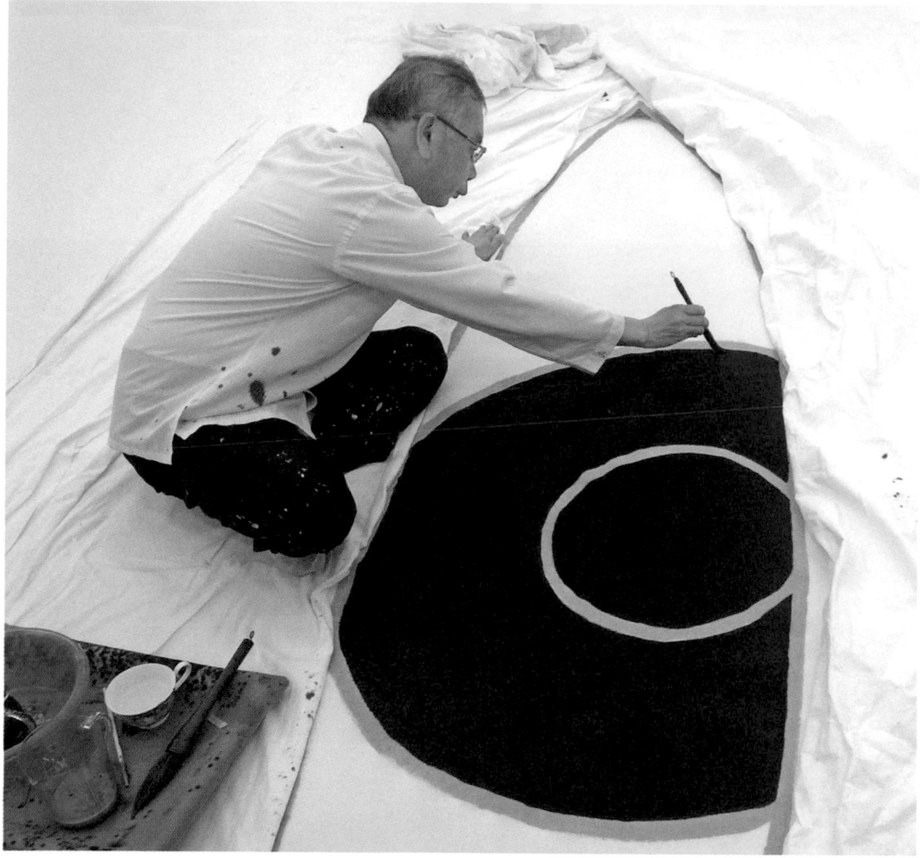

世紀大佛聖地巡禮足跡

01 印度—佛陀成道地菩提伽耶
02 印度—佛陀初轉法輪聖地鹿野苑
03 印度—佛陀講經聖地靈鷲山
04 世界文化遺產雲岡石窟
05 五台山—文殊菩薩聖地
06 尼泊爾—蘇瓦揚布大佛塔
（四眼天神廟）
07 不丹—幸福之地

05

01

06

02

04 攝影 王文徽

07 攝影 陳昭義

2018 年 1 月，世紀大佛於桃園巨蛋體育館，舉行描金開筆大典暨全圖校正。攝影 Kelvin Chen

二、大佛見聞記

一個人的精神

大佛使者　胡鴻達

當整個人類世間漸漸被黑暗所籠罩的時候，
有一個人燃燒起自己，爲衆生點起一炷智慧的火炬燈明；
當時代的巨輪慢慢走向偏岔迷惑的道路上時，
有一個人獨自高舉標杆，爲人類文明指出正確的發展方向；
當社會人心熵化沉淪，變得昏昧愚盲無所依持時，
有人揚起正智的大帆，挽狂瀾於既倒，奮末世而悲歌。
這個人是誰？這樣的人是誰？
這個人就是我所認識的洪啓嵩老師，
一位在菩薩道上踽踽獨行，卻永不忘初心的孤獨身影。

兩年多來，不論在烈日當空的土城鐵皮屋內，

還是在寒風冷冽的桃園大園畫工場裡，
總是有一襲拉長的身影，一位靜默無語的人，
奮力而又默默地在爲眾生，爲台灣、爲地球，
乃至爲整個人類的圓滿、幸福與光明解脫，
孜孜地低頭，手裡一支筆，在畫著。
是的，是他！是那一個人在畫著！
永不歇息！永不停止在努力著。
汗，一滴、一滴，滴下來了；
心的精，心的血，汩汩無聲，慈悲的流著。
每一筆都在靜靜的畫著每一位眾生的心，
每一抹顏色都在撫慰著沉落在輪迴裡眾生深沉的哀痛，
但每一分、每一秒、每一刻，也都在畫著眾生的歡喜與快樂，
描繪出每一位眾生未來解脫、幸福與圓滿的臉。

這個臉是佛的臉，但也是你，也是我，
也是台灣，也是地球上每一個人的臉。
這個臉，是這麼的詳和，這麼的柔軟，

這麼的慈悲，這麼的智慧，又這麼的圓滿。
所以，洪老師在畫大佛嗎？是的！
但也是在畫著你，畫著我，畫著每一個人，每一個衆生成佛時的臉。
記得以前曾經聽洪老師開示過這樣的一句話：
「發心了，就這麼做了。
佛陀是這樣的人，六祖惠能大師是這樣的人，
我們每一個人也應該是這樣的人。」

這就是「有一個人」的精神！
沒錯，洪老師是這麼說的！
而現在，我看到有一個人，他就是這樣做了，
幾十年來他都這樣做了。
而未來，他還會繼續這樣做下去。

所以，各位菩薩！各位大德！您願意參與嗎？
您也願意學習「有一個人」的精神嗎？
您願意成爲那一個人嗎？

世界不是一個人的。是你的，是我的，是他的，是我們每個人共同的。
歡迎每一位菩薩大德一起來參與，
讓我們每一個人也成爲「有一個人」中的那一個人，
這是洪老師所爲我們示現的精神，這就是「大佛的精神」！
各位菩薩，各位大德，加入大佛，成就大佛，大佛志業，盍興乎來！

註

盍興乎來：興，是興起之意。王若谷讚揚鄭板橋的高潔貞標與風格的一文：
「板橋之風，盍興乎來」，就是說：鄭板橋的清廉高潔之風，為何不快快興起來啊！
所以，「大佛志業，盍興乎來！」，意即：大佛慈悲智慧的宏大志業，為何不快快興起啊！

大佛曼荼羅

大佛力士　柯牧基

轉眼世紀大佛的畫作已漸近圓滿的階段了，回想當初，聽到要畫那麼大的大佛，心中充滿了許許多多的問號：

爲什麼要畫那麼大？要做什麼呢？要掛那裡呢？要怎麼畫？要在那裡畫？滿腦子的問號？一直認爲這是「不可思議瘋狂的行動」。

原本只是答應參與晚上鋪畫布的工作，某日突然接到詢問：「畫大佛白天急需人手，是否可參與？」沒想到老婆說：「已經六十幾許又幾許的老頭子，居然還有殘值，還有人要你，去！去！去！」

就這樣糊裡糊塗的捲入了那「不可思議瘋狂行動」：世紀大佛的志工行列。

兩年多來，不論是烈日炎炎的夏日或是寒風冷縮的冬天，在畫工場裡始終看到洪老師，靜靜無語，專心努力不停的畫著，畫著，但我的心中始終塞滿了太多太多的問號？可是又不知如何啓齒。日復一日，年復一年，就這樣看著老師踽踽獨行，努力的，默默的畫著再畫著。

一日，依著往日的功課，念誦楞嚴咒：「妙湛總持不動尊，首楞嚴王世稀有，……」唸誦到「還度如是恒沙衆，將此深心奉塵剎，是則名爲報佛恩，伏請世尊爲證明，五濁惡世誓先入，如一衆生未成佛，終不於此取泥洹，大雄大力大慈悲，希更審除微細惑，令我早登無上覺，於十方界坐道場。」

剎那間，我明白了！

明白一位慈悲的「大覺者」，深行「還度如是恒沙衆，將此深心奉塵剎，是則名爲報佛恩」那甚深的法意了！

親眼看到了一位「大覺者」，沒有任何企業奧援下，賣盡了自己一切的家產，竭盡籌湊資金，默默的爲台灣全體、爲地球衆生，畫下了一幅世紀大佛畫。

剎那間，我明白了！

這只是一幅「佛畫」嗎？這是一幅大佛曼荼羅啊！

這是一幅能幫助恒沙衆覺醒的大佛曼荼羅啊！

是一幅能使修行者成就的大佛曼荼羅！

是一幅讓懂得佛法奧密的佛子覺悟菩提的大佛曼荼羅！

是一幅能使有緣參與的大衆，脫離生死海的大佛曼荼羅！

是一幅能早登無上覺的大佛曼荼羅！
明白了，什麼是「將此深心奉塵剎，是則名爲報佛恩」
明白了，什麼是「佛境菩薩行」的眞實內涵。
因爲親眼見到了一位「大覺者」的風範行誼，
見到了一位眞正的「人天大導師」，哪是世俗間神棍邪師所能匹比的。

驚訝！感嘆！讚嘆再讚嘆！
矣瑪伙！
無上甚深微妙法，百千萬劫難遭遇，
我今見聞得受持，願解如來眞實義。

感恩啊！
何其有幸，親身見到了「佛境菩薩行」的「大覺者」，
建構了大佛曼荼羅，無比殊勝的微妙法音！
何其有幸，今生今世明白了「大覺者」那甚深微妙，密中密的法義啊！
將此篇心得供養「大覺者」洪老師及十方三世一切諸佛！
感謝護法龍天伽藍守護，普願法界全體，共入毘盧性海！

第三篇　冥想·地球和平禱詞

冥想·地球和平，是無國界的和平運動。

本篇將〈冥想·地球和平禱詞〉翻譯成十種語言，將來預計擴充到人類各種語言。期待在每年的「和平地球日」，在共同的時間，全世界各地的人們，都能共同一心，冥想、持念地球和平。以共同的念力心智，形成共同的力量，在二十一世紀中不斷增長，創造新的地球世紀。讓地球太空船航向宇宙深處，創造更圓滿的宇宙文明！

冥想・地球和平禱詞

一心……
用最幸福的心
向宇宙中最圓滿的覺悟者
那究竟光明的眞諦實相
與在實相道路中前進的賢聖者
獻上至深的禮敬

祈願吉祥　喜悅　幸福的覺性光明
普照著我們的母親——地球　及所有的生命
讓一切的傷痛遠離
地球母親永遠的幸福安康
成爲永續的清淨樂土
繼續撫育著所有人類及一切生命

共創光明的黃金新世紀

啊……讓覺悟的光明
點燃我們每一個人的心
如同無盡燈一般相續無盡
像千百億太陽般的相互輝映
讓所有的地震、水厄、火劫、風災、空難
及人爲的所有禍害永遠消失……
讓幸福與覺悟成爲我們生命中的眞實

於是　當我們安住於完全快樂的喜悅
成了光明大愛的快樂典範
我們愛惜自己　更珍愛一切生命與萬物
將自己的貪心、瞋意、愚癡、傲慢、疑忌全部丟棄
讓喜悅成爲自己的唯一眞心

完全放鬆

將體內所有不悅的氣息吐盡
用最舒適的心意
安詳放鬆地坐著
讓暢快的呼吸愉悅著全身
心中沒有一絲一毫的壓力
從虛空吸進彩虹般的氣息
澄淨的心靈自然生起甜美的悅樂
自我、他人、地球、一切的宇宙萬物自然和諧
從心到身都散發出快樂的光明

一心……

觀想自己最喜愛的人在我們的眼前
相互快樂的映照　讓喜悅無限增長
觀想著所有摯愛的人那麼的快樂
自己的快樂也無盡地增長
當我們觀想的人愈多
喜樂的力量將如同大海的漩渦般持續增強

一心……
觀想完全陌生的人也十分的快樂

一心……
觀想各種種類的生命與我們同樣的喜樂
一切的萬物也與我們同喜同樂

一心……
放下一切的仇怨煩惱
放下一切的苦痛
啊…完全的和解了
讓我們的幸福力量增長

一心……
觀想所有與我們有怨仇的人
都安住於廣大圓滿的快樂境地

這甚深的和解　是一切喜樂力量的來源

一心……
一心……

讓我們觀想一切的生命共同的幸福喜樂
觀想自己的親人、朋友完全的快樂
觀想自己所居住的社區、都市、國家的人民都十分的快樂
觀想亞洲人、地球人、乃至一切生物都十分的快樂
整個太陽系、宇宙、無量無邊的充滿了快樂
當下的喜樂導引我們現在無憂無惱、完全的喜悅

讓我們觀察過去的心境
將我們過去的身心調和圓滿
讓我們現在的身心更加健康、幸福
更引導著我們的未來　在幸福光明

於是　當無盡的喜悅生起時

當下　我們畏懼、怨恨的心也完全消失了
每一個念頭都是無盡平等的大喜樂

嗡……這是一首宇宙的詩
一首最和諧的宇宙詩篇
當自我完全消失時　沒有敵者
就成了這首最眞實的宇宙民謠
從宇宙的這一邊陲　唱到宇宙的另一邊際
和諧成了最圓滿的合音

是沒有敵者
讓自己從自心到宇宙
發出最深沉的和諧聲音
是與自心唱合　是與呼吸唱合
是與氣脈唱合　是與身體唱合
於是嗡……嗡……那美麗的合音
就唱向了每一個人的心、每一寸山河大地

就唱出地、水、火、風、空、心的宇宙和鳴
這是永遠和解的聲音

是永遠和諧的眞心　是無我的唱合
用光明所交響演奏出的幸福清寧

一心……

用幸福的覺心
深念祈願　和平喜樂
讓我們擁有無上光明的力量
創造世間的幸福
讓台灣、亞洲、歐洲、美洲、非洲及所有的國土
創造永續的人間和平與幸福的地球

讓我們導引著母親地球太空船
航向新的太空世紀
讓覺性成爲地球的文化核心

慈悲、智慧成爲母親地球的眼睛
觀照著所有的生命

淨心……
淨心……
讓我們合誦著　心靈最深處的感動
永遠　無災無障的走向大覺幸福的路途
永遠　具足福貴的成就無上大覺人生
善哉！圓滿
一切都已圓滿　普願吉祥

155 冥想 · 地球和平 Earth Peace Meditation

簡體

冥想·地球和平祷词

一心……

用最幸福的心

向宇宙中最圆满的觉悟者

那究竟光明的真谛实相

与在实相道路中前进的贤圣者

献上至深的礼敬

祈愿吉祥 喜悦 幸福的觉性光明

普照着我们的母亲——地球 及所有的生命

让一切的伤痛远离

地球母亲永远的幸福安康

成为永续的清净乐土

继续抚育着所有人类及一切生命

共创光明的黄金新世纪

啊……让觉悟的光明
点燃我们每一个人的心
如同无尽灯一般相续无尽
像千百亿太阳般的相互辉映
让所有的地震、水厄、火劫、风灾、空难
及人为的所有祸害永远消失……
让幸福与觉悟成为我们生命中的真实

于是 当我们安住于完全快乐的喜悦
成了光明大爱的快乐典范
我们爱惜自己 更珍爱一切生命与万物
将自己的贪心、瞋意、愚痴、傲慢、疑忌全部丢弃
让喜悦成为自己的唯一真心

完全放松

将体内所有不悦的气息吐尽
用最舒适的心意
安详放松地坐着
让畅快的呼吸愉悦着全身
心中没有一丝一毫的压力
从虚空吸进彩虹般的气息
澄净的心灵自然生起甜美的悦乐
自我、他人、地球、一切的宇宙万物自然和谐
从心到身都散发出快乐的光明

一心……
观想自己最喜爱的人在我们的眼前
相互快乐的映照　让喜悦无限增长
观想着所有挚爱的人那么的快乐
自己的快乐也无尽地增长
当我们观想的人愈多
喜乐的力量将如同大海的漩涡般持续增强

一心……
观想完全陌生的人也十分的快乐

一心……
观想各种种类的生命与我们同样的喜乐
一切的万物也与我们同喜同乐

一心……
放下一切的仇怨烦恼
放下一切的苦痛
啊…完全的和解了
让我们的幸福力量增长

一心……
观想所有与我们有怨仇的人
都安住于广大圆满的快乐境地
这甚深的和解　是一切喜乐力量的来源

一心……
一心……
让我们观想一切的生命共同的幸福喜乐
观想自己的亲人、朋友完全的快乐
观想自己所居住的小区、都市、国家的人民都十分的快乐
观想亚洲人、地球人、乃至一切生物都十分的快乐
整个太阳系、宇宙、无量无边的充满了快乐
当下的喜乐导引我们现在无忧无恼、完全的喜悦

让我们观察过去的心境
将我们过去的身心调和圆满
让我们现在的身心更加健康、幸福
更引导着我们的未来　在幸福光明

于是　当无尽的喜悦生起时
当下　我们畏惧、怨恨的心也完全消失了
每一个念头都是无尽平等的大喜乐

嗡……这是一首宇宙的诗
一首最和谐的宇宙诗篇
当自我完全消失时 没有敌者
就成了这首最真实的宇宙民谣
从宇宙的这一边陲 唱到宇宙的另一边际
和谐成了最圆满的合音

是没有敌者
让自己从自心到宇宙
发出最深沉的和谐声音
是与自心唱合 是与呼吸唱合
是与气脉唱合 是与身体唱合
于是嗡……嗡……那美丽的合音
就唱向了每一个人的心、每一寸山河大地
就唱出地、水、火、风、空、心的宇宙和鸣
这是永远和解的声音

是永远和谐的真心　是无我的唱合
用光明所交响演奏出的幸福清宁

一心……

用幸福的觉心
深念祈愿　和平喜乐
让我们拥有无上光明的力量
创造世间的幸福
让台湾、亚洲、欧洲、美洲、非洲及所有的国土
创造永续的人间和平与幸福的地球

让我们导引着母亲地球宇宙飞船
航向新的太空世纪
让觉性成为地球的文化核心
慈悲、智慧成为母亲地球的眼睛
观照着所有的生命

净心……

净心……

让我们合诵着　心灵最深处的感动

永远　无灾无障的走向大觉幸福的路途

永远　具足福贵的成就无上大觉人生

善哉！圆满

一切都已圆满　普愿吉祥

冥想・地球和平禱詞　英文

Earth Peace Meditation

Concentrate…
With the happiest heart,
Let us pay our deepest reverence
To the fully enlightened one of the universe,
To the complete brightness of the ultimate truth,
And to the saints marching on the road to realization.

Pray for the auspicious, pleasing, and blissful light of mindfulness
To shine on our Mother Earth and all beings.
Let all the pains recede.
Let Mother Earth be happy and healthy forever.
Let it advance into a sustainable Pureland
And continue to nurture all humans and beings,

Generating a bright golden century.

Ah ... Let the awakening light ignite each heart of ours.
Illuminating one after another into endless lamps—
Like tens of billions of suns shining on each other.
Let all manmade and natural disasters of earth, water,
fire and wind disappear forever...
Let happiness and enlightenment become the reality of our lives.

So when we settle down in the joy of complete felicity
And become the role model of brilliant great love,
We cherish ourselves more and cherish all life and all things.
We cast off our greed, anger, ignorance, arrogance, and suspicion.
Let bliss become our only true heart.

Relax Completely.

Exhale all the unpleasant energy in the body.
With the most comfortable mind,
Sit quietly and relax.
Let the pleasure of breathing run through our bodies
Without a tiny trace of pressure in our minds.
Inhale the rainbow-like air of the universe.
Bliss arises naturally inside our clear and pure spirit.
Self, others, earth, and everything in the universe are all in harmony.
The light of joy emits from our hearts and bodies.

Concentrate…
Envision the person we care for the most appearing in front of us
And sharing mutual happiness with us
Such that the joy resonates and multiplies without boundaries.
Envision our loved ones being so happy
That our happiness also grows without limit.

The more people we think of
The more powerful our joy will grow,
Stronger and stronger like the whirlpool of the sea.

Concentrate...
Envision complete strangers being very happy.

Concentrate...
Envision all beings sharing the same joy with us.
Envision everything in the world sharing the same joy with us.

Concentrate...
Let go of all troubles and hatred.
Let go of all pains.
Ah ... All are completely reconciled.
Let the power of our happiness grow.

Concentrate...
Envision the people we do not like
At the place of happiness and perfection.
The profound reconciliation is the source of all joy.

Concentrate...
Concentrate...
Let's visualize the happiness of all beings.
Envision our families and friends being completely happy.
Envision all people in our community, our city,
and our country being very happy.
Envision all people and even all the creatures in the world being very happy.
Envision that the whole solar system and even the whole universe is
filled with happiness.
The happiness of being present leads us to a state of worry-free
and complete bliss.

Let us observe our past mental state
And adjust our past bodies and minds to a perfect condition.
Let our current bodies and minds be healthier and happier
And, in turn, lead us to a brighter and happier future.

The moment when the boundless joy arises,
All the fear and resentment disappear.
Every thought is the endless bliss of equality.

Om… This is a poem of the universe,
The most harmonious rhyme in the universe.
When the self disappears, no enemy can be found.
That becomes the most truthful folk song of the universe,
Which is sung from one edge of the universe to another
Blending into the most consummate harmony.
It is understanding of having no enemies

That utters the deepest melodious sound from one's heart to the universe.
It is an ensemble with our hearts.
It is an ensemble with our breaths.
It is an ensemble with our veins.
It is an ensemble with our bodies.
Om ... Om ... Such a beautiful chorus sung to everyone's heart,
To every inch of mountains and rivers.
It is the ensemble of the earth, water, fire, air, and the heart of the universe.
This is the voice of eternal reconciliation.

It is the infinite euphonious mind.
It is the no-self chorus.
It is the tranquility of happiness played by the symphony of light.
Concentrate... with the awakening heart of happiness.
Let us pray for peace and joy.
Let us attain the highest positive power to create happiness for the world.

Let Taiwan, Asia, Europe, America,
Africa and all the countries and continents on Earth
Be filled with sustainable peace and happiness.

Let us navigate Spaceship Mother Earth heading for the new space era.
Let consciousness become the core culture of the Earth.
Let compassion and wisdom become the eyes of Mother Earth
Looking after all beings.

Purify our hearts …
Purify our hearts …
Let us recite with the most profound sensation of the soul.
Forever walking on the road to happiness and enlightenment
without obstacles.
Forever achieving the ultimate enlightened life with prosperity.
Wonderful! Perfect! Everything is complete and auspicious.

冥想・地球和平禱詞　法文

Méditation Pour La Paix de la Terre

Concentrons-nous…
Avec le cœur le plus heureux,
Exprimons notre révérence la plus profonde
À l'égard de celui du monde, ayant l’esprit pleinement éclairé,
À la luminosité totale de la vérité suprême,
Et aux saints qui défilent sur le chemin de la réalisation.

Prions pour que la lumière de bon augure, plaisante et béate de la
pleine conscience
Brille sur notre Mère la Terre et sur toutes les créatures.
Laissons toutes les douleurs disparaître.
Laissons notre Mère la Terre heureuse et saine jusqu’au bout des jours.

Laissons-la avancer en une Terre Pure durable
Et continuer à nourrir tous les hommes et les créatures,
Pour Générer un siècle d'or brillant.

Ah ... Laissons la lumière d'éveil
Chauffer le cœur de chacun d'entre nous.
Illuminant l'un après l'autre en lampes infinies
Comme des dizaines de milliards de soleils brillants l'un sur l'autre.
Que toutes les catastrophes causées par l'homme et les désastres naturels
de la terre, de l'eau, du feu et du vent disparaissent à jamais ...
Laissons le bonheur et l'illumination devenir la réalité de nos vies.

Alors, lorsque nous nous installons dans la joie de la pleine félicité
Et nous donnons l'exemple du grand amour brillant,
Nous nous chérissons davantage et nous chérissons toute vie et toute chose.
Nous rejetons notre cupidité, notre colère, notre ignorance, notre

arrogance et notre soupçon.
Laissons la félicité devenir notre seul vrai cœur.

Détendons-nous Parfaitement.
Expirons toute l'énergie désagréable existante dans le corps.
Avec la plus grande paix d'esprit,
Asseyons-nous en silence et détendons-nous.
Laissons le plaisir de respirer circuler à travers nos corps
Sans la petite trace de pression dans nos esprits.
Inspirons l'air en arc-en-ciel de l'univers.
La félicité apparaît naturellement au fond de notre esprit clair et pur.
Soi-même, les autres, la terre et tout dans l'univers se mettent tous
en harmonie.
L'éclat de la joie émane de nos cœurs et nos corps.

Concentrons-nous…

Imaginons la personne qui nous est la plus chère s'identifiant devant nous
Et partageant avec nous un bonheur mutuel
De telle façon, la joie résonne et se multiplie sans limites.
Imaginons que nos bienaimés soient si heureux
Que notre bonheur grandisse aussi sans limites.
Plus le nombre de personnes auxquelles nous pensons, augmente
Plus notre joie plus puissante, grandira,
Fortement et encore plus fortement tel le tourbillon de la mer.

Concentrons-nous...
Imaginons que les parfaits étrangers soient très heureux.
Concentrons-nous...
Imaginons que toutes les créatures partagent la même joie avec nous.
Imaginons que toute sorte de choses dans le monde partage la même
joie avec nous.

Concentrons-nous...
Abandonnons tous les soucis et la haine.
Abandonnons toutes les douleurs.
Ah ... Tout est parfaitement réconcilié.
Laissons la puissance de notre bonheur s'épanouir.

Concentrons-nous ...
Imaginons que les gens que nous n'aimons pas
Se trouvent dans le lieu du bonheur et de la perfection.
La profonde réconciliation est la source de toute joie.

Concentrons-nous...
Concentrons-nous...
Visualisons le bonheur de tout être.
Imaginons que nos familles et nos amis soient parfaitement heureux.
Imaginons que tous les gens de notre communauté, de notre ville et de

notre pays soient très heureux.
Imaginons que tous les gens et même toutes les créatures dans le monde soient très heureux.
Imaginons que tout le système solaire et même l'univers entier soit plein de bonheur.

Le bonheur d'être présent nous conduit vers un état de félicité parfaite et sans tracas.
Observons notre état mental antérieur
Et ajustons nos corps et esprits antérieurs à une condition parfaite.
Laissons nos corps et nos esprits actuels être plus sain et plus heureux
Et, à leur tour, nous mènent à un avenir plus brillant et plus heureux.

Au moment où la joie illimitée surgisse,
Toute la crainte et la rancune disparaissent.
Chaque pensée est une béatitude infinie de l'égalité.

Om ... Ceci est un poème de l'univers,
La rime la plus harmonieuse de l'univers.
Quand le soi disparait, aucun ennemi ne peut rester sur scène.
Cela devient la chanson folklorique la plus véridique de l'univers,
Qui sera chantée d'un coin à l'autre de l'univers.
Se fondant dans l'harmonie la plus parfaite.

C'est l'entendement de n'avoir aucun ennemi
Cela émet le son mélodieux le plus profond de son cœur vers l'univers.
C'est un ensemble avec nos cœurs.
C'est un ensemble avec nos souffles.
C'est un ensemble avec nos veines.
C'est un ensemble avec nos corps.
Om ... Om ... Un si beau refrain chanté au cœur de chacun,
Pour chaque pouce de montagnes et de rivières.
C'est l'ensemble de la terre, de l'eau, du feu, de l'air et du cœur de l'univers.

C'est la voix de la réconciliation éternelle.

C'est l'esprit euphonique infini.
C'est le refrain du non-soi.
C'est la tranquillité du bonheur jouée par la symphonie de la lumière.

Concentrons-nous ... avec le cœur éveillé du bonheur.
Prions pour la paix et la joie.
Atteignons le pouvoir positif le plus élevé pour créer le bonheur
pour le monde.
Lâchons Taiwan, l'Asie, l'Europe, l'Amérique, l'Afrique et tous les pays
et continents sur Terre
Soyons rempli de paix durable et de bonheur.

Laissez-nous naviguer le Vaisseau Spatiale Mère Terre
(Spaceship Mother Earth) en direction de la nouvelle ère spatiale.

Laissons la conscience devenir la culture de base de la terre.
Laissons la compassion et la sagesse devenir les yeux de la Mère Terre
S'occupant de toutes les créatures.

Purifions nos cœurs ...
Purifions nos cœurs ...
Récitons avec la sensation la plus profonde de l'âme.
Pour Toujours marcher sur la route du bonheur et de l'illumination
sans obstacles.
Pour Toujours atteindre la vie parfaite éclairée avec la prospérité.
Merveilleux! Parfait! Tout est complet et propice

冥想・地球和平禱詞　德文

Meditation für Friede auf Erden

Konzentriere dich…
Mit dem glücklichsten Herzen,
Lasst uns unseren tiefsten Respekt zollen,
Zu den vollständig erleuchteten des Universums,
Zur vollständigen Helligkeit der ultimativen Wahrheit,
Und zu den Heiligen, die auf der Straße der Realisierung wandern.

Bete für das vielversprechende, angenehme und herrliche
Licht der Achtsamkeit
Um auf unsere Mutter Erde und all Ihre Kreaturen zu scheinen.
Lasst alle Schmerzen verschwinden
Lasst Mutter Erde für immer glücklich und gesund sein.

Lasst sie in ein nachhaltiges pures Land voranschreiten
Und weiterhin alle Menschen und Kreaturen zu nähren,
Um ein helles, goldenes Zeitalter zu erschaffen.

Ah… Lasst das erwachende Licht
All unsere Herzen entzünden.
Eines nach dem anderen zu erleuchten, in eine endlose Lichterkette
Wie zehn Milliarden Sonnen, die aufeinander scheinen.
Lasst alle von Menschen und Natur gemachten
Katastrophen von Erde, Wasser, Feuer und Wind für immer verschwinden…
Lasst Glück und Erleuchtung zur Realität unserer Leben werden.

Wenn wir uns also im Genuss der vollständigen Glückseligkeit niederlassen
Und zum Vorbild für eine brillante, großartige Liebe werden,
Dann schätzen wir uns mehr und wir schätzen alles Leben und alle Dinge.
Wir legen Gier, Wut, Ignoranz, Arroganz und Misstrauen ab.

Lasst Glückseligkeit zu unserem einzigen wahren Herz werden.

Entspann dich vollständig.
Atme sämtliche unangenehmen Energien aus deinem Körper aus.
Mit dem komfortabelsten Kopf,
Sitz ruhig und entspann dich.
Lass den Genuss des Atmens durch unsere Körper strömen
Ohne der kleinsten Spur von Druck in unseren Köpfen.
Inhaliere die regenbogenartige Luft des Universums.
Glück entsteht natürlich in unserem klaren und reinen Geist.
Selbst, andere, Erde und alles im Universum sind alle in Harmonie.
Das Licht der Freude strahlt von unseren Herzen und Körper.

Konzentriere dich…
Stell dir vor, die Person, die uns am wichtigsten ist, erscheint vor uns
Und teilt das gegenseitige Glück mit uns

So dass sich die Freude ohne Grenzen mitschwingt uns sich verbreitet.
Stellt dir vor, dass deine geliebten glücklich sind
Das unsere Glücklichkeit auch ohne Limit wächst.
Je mehr wir Leute davon denken
Desto stärker wird die Freude wachsen,
Stärker und starker, wie der Strudel des Meeres.

Konzentriere dich…
Stell dir völlig fremde Leute vor, die glücklich sind.
Konzentriere dich…
Stell dir vor, dass alle Kreaturen dieselbe Freude mit dir teilen.
Stell dir vor, dass alle Kreaturen dieselbe Freude mit uns teilen.

Konzentriere dich…
Lass alle Schwierigkeiten und Feindseligkeit verschwinden.
Lass jeglichen Schmerz verschwinden.

Ah... Alle sind vollständig versöhnt.
Lass die Macht unseres Glücks wachsen.

Konzentriere dich...
Stell dir Leute vor, die wir nicht mögen
Am Platz des Glücks und der Perfektion.
Die tiefgreifende Versöhnung ist die Quelle sämtlicher Freude.
Konzentriere dich...
Konzentriere dich...
Lasst uns die Fröhlichkeit aller Lebewesen visualisieren.
Stell dir vor, dass deine Familien und Freunde vollständig glücklich sind.
Stell dir vor, dass jede/r in unserer Gemeinde,
Stadt oder Land sehr glücklich ist.
Stell dir vor, dass alle Leute, sogar die Kreaturen in dieser Welt,
sehr glücklich sind.
Stell dir vor, dass das gesamte Sonnensystem und sogar das

gesamte Universum mit Glück gefüllt ist.

Die Freude hier zu sein führt uns in einen sorgenfreien und
vollständig glücklichen Zustand.
Lasst uns unsere früheren geistigen Zustände untersuchen
Und unsere frühen Körper und Köpfe in eine perfekte Kondition anpassen.
Lasst unsere derzeitigen Körper und Köpfe gesünder und glücklicher sein
Und, im Gegenzug, uns zu einer helleren und glücklicheren Zukunft führen.

Der Moment in die grenzenlose Freude entsteht,
Jegliche Angst und Ressentiment verschwinden.
Ist jeder Gendanken das endlose Glück der Gleichheit.

Om… Dies ist das Gedicht des Universums,
Der harmonischste Reim des Universums.
Wenn das Selbst verschwindet, kann man keine Feinde finden.

Dies wird zum ehrlichsten Volkslied des Universums,
Der von einer Ecke des Universums zu einer anderen gesungen wird
Und in die vollendenste Harmonie scheint.

Es ist das Verständnis, dass man keine Feinde hat
Welches den tiefsten melodischen Ton unseres Herzens zum Universum gibt.
Es ist ein Ensemble mit unseren Herzen.
Es ist ein Ensemble mit unserem Atem.
Es ist ein Ensemble mit unseren Venen.
Es ist ein Ensemble mit unserem Körper.

Om ... Om ... Solch ein wunderschöner Chorgesang für alle Herzen.
Zu jedem Meter an Bergen oder Flüssen.
Es ist das Ensemble der Erde, Wasser, Feuer, Luft und des Herzen
des Universums.
Es ist die Stimme der unendlichen Versöhnung.

Es ist der unendliche wohlklingende Kopf
Es ist der Kein-Selbst-Chor.
Es ist die Ruhe des Glücks gespielt durch die Symphonie des Lichts.

Konzentriere dich… mit dem erwachendem Herz des Glücks
Lasst uns für Frieden und Freude beten.
Lasst uns die höchste positive Macht erreichen, um Glück für die
Welt zu schaffen.
Lasst Taiwan, Asien, Europa, Amerika, Afrika und alle Länder
und Kontinente der Erde mit nachhaltigem Frieden und Glück gefüllt sein.

Lasst uns das Raumschiff Mutter Erde in ein neues
Raumzeitalter navigieren.
Lasst Bewusstsein zur Kernkultur der Erde werden.
Lasst Mitgefühl und Weisheit zur Augen der Mutter Erde werden
Die sich um alle Kreaturen kümmert.

Reinigt unsere Herzen …

Reinigt unsere Herzen …

Lasst uns mit der tiefsten Empfindung der Seele rezitieren.

Für immer und ohne Hindernisse auf der Straße zum Glück und Erleuchtung wandernd.

Für immer das ultimate erleuchtete und erfolgreiche Leben erreichend.

Wunderbar! Perfekt! Alles ist vollständig und vielversprechend.

冥想・地球和平禱詞　瑞典文

Världsfredsmeditation

Fokusera...
Med ett öppet hjärta,
låt oss visa vår djupaste vördnad
för universums fullkomlige och upplyste,
för den slutgiltiga sanningens fullständiga ljus,
och för helgonen som marscherar på vägen till förverkligande.
Be för att det luxuösa, glädjande och välsignade medvetenhetens ljus
ska skina på vår Moder Jord och alla väsen.
Låt alla smärtor dra sig tillbaka.
Låt Moder Jord vara lycklig och hälsosam för evigt.
Låt henne gå vidare till en hållbar, ren värld
och få fortsätta vårda alla människor och varelser,

och generera ett ljust, gyllene århundrade.
Å ... Låt det uppvaknande ljuset
tända ljus i alla våra hjärtan.
Tända upp det ena efter det andra till otaliga lampor -
tiotals miljarder solar som skiner på varandra.
Låt alla katastrofer, konstgjorda och naturliga, med jord, vatten,
eld och vind försvinna för alltid ...
Låt glädje och upplysning bli till verkligheten i våra liv.
Så när vi slår oss ner i lyckan av fullständig glädje
och blir förebilden av stor, strålande kärlek,
vårdar vi oss själva mer och värnar om allt liv och alla ting.
Vi släpper vår girighet, ilska, okunnighet, arrogans och misstänksamhet.
Låt lycksalighet bli vårt enda sanna hjärta.

Slappna av fullständigt.
Andas ut all den obehagliga energin i kroppen.

Med ett lugnt sinne, sitt tyst och slappna av.
Njut av att andas och känna luften gå genom din kropp
Utan ett enda spår av tyngd i sinnet.
Andas in universums regnbågsliknande luft.
Lycksalighet uppstår naturligt utifrån vår klara och rena själ.
Jaget, andra, jorden och allt i universum är alla i harmoni.
Glädjens ljus utgår från våra hjärtan och kroppar.

Fokusera...
Föreställ dig den person du bryr dig mest om träda fram framför dig
och dela ömsesidig lycka med dig,
sådan att glädjen vibrerar och växer utan gränser.
Föreställ dig att dina nära och kära är lyckliga,
att allas lycka också växer utan gränser.
Ju fler människor vi tänker på,
desto mer kraftfullt kommer vår glädje växa,

Starkare och starkare som en havets bubbelpool.

Fokusera ...
Föreställ dig främlingar som är mycket lyckliga.

Fokusera ...
Föreställa dig att alla varelser delar samma glädje.
Föreställa dig att allt i världen delar samma glädje.
Fokusera ...
Släpp alla bekymmer och allt hat.
Släpp av alla smärtor.
Å ... Alla är helt försonade.
Låt kraften av vår lycka växa.

Fokusera ...
Föreställ dig de människor du inte tycker om,

att de finns på platsen för lycka och perfektion.
Den uppriktiga försoningen är källan till all glädje.

Fokusera ...
Fokusera ...
Låt oss visualisera alla väsens lycka.
Föreställ dig att din familj och dina vänner är fullständigt lyckliga.
Föreställ dig att alla människor i ditt samhälle, din stad och ditt land är mycket lyckliga.
Föreställ dig att alla människor och även hela universum är fyllda med lycka.
Föreställ dig att hela solsystemet och till och med hela universum är fyllda med lycka.

Lyckan att vara närvarande leder oss till ett tillstånd fritt från oro och i fullständig lycksalighet.

Låt oss observera vårt tidigare mentala tillstånd
och justera våra tidigare kroppar och sinnen till ett perfekt skick.
Låt våra nuvarande kroppar och sinnen vara hälsosammare och lyckligare
och att de i sin tur leder oss till en ljusare och lyckligare framtid.
Det ögonblick då den gränslösa glädjen uppstår,
Då all rädsla och ilska försvinner.
Varje tanke är jämlikhetens oändliga lycksalighet.

Om… Detta är universums dikt,
universums mest harmoniska rim.
När jaget försvinner, kan ingen fiende hittas.
Det blir universums mest sanningsenliga folksång,
som sjungs från en del av universum till en annan,
som blandas till den mest fulländade harmonin.

Det är förståelsen av att inte ha några fiender

som uttrycker det djupaste melodiska ljudet från varje hjärta till universum.
Det är ett samspel med våra hjärtan.
Det är ett samspel med våra andetag.
Det är ett samspel med våra ådror.
Det är ett samspel med våra kroppar.
Om ... Om ... En vacker refräng sjungen till allas hjärtan,
till varje centimeter av berg och floder.
Det är jordens samspel av, vatten, eld, luft och universums hjärta.
Detta är den eviga försoningens röst.
Det är det oändliga, välljudande sinnet.
Det är icke-jagets refräng.
Det är lugnet av lycka som spelas i ljusets symfoni.

Fokusera... med lyckans uppvaknande hjärta.
Låt oss be för fred och glädje.
Låt oss uppnå den högsta positiva kraften för att skapa lycka för världen.

Låt Taiwan, Asien, Europa, Amerika,
Afrika och alla länder och kontinenter på jorden
fyllas med hållbar fred och lycka.
Låt oss navigera det rymdskepp som är Moder Jord på väg in i den
nya rymdtiden.
Låt medvetandet bli kärnkulturen på jorden.
Låt medkänsla och visdom bli Moder Jords ögon,
som håller uppsikt över alla väsen.

Rena våra hjärtan ...
Rena våra hjärtan ...
Låt oss deklamera tillsammans med själens allra mest djupgående känsla.
Låt oss för alltid gå på vägen till lycka och upplysning utan hinder.
Låt oss för alltid uppnå det optimala, upplysta välståndslivet.
Underbart! Perfekt! Allt är komplett och gynnsamt.

冥想・地球和平禱詞　西班牙文

Meditación por la Paz Terrenal

Concentraos...
Con el más feliz de los corazones,
Presentemos nuestra reverencia más profunda
A la plena e iluminada unidad del universo,
Al brillo completo de la verdad final,
Y a los santos que viajan por el camino para conseguirlo.

Rezad por la auspiciosa, agradable y tranquila luz de la conciencia plena
Que ilumina a nuestra Madre Tierra y a todos sus seres.
Que todos los dolores se atenúen.
Que la Madre Tierra se mantenga feliz y sana por siempre.
Que camine hacia una sostenible Tierra Pura

Y continúe alimentando a todos los humanos y seres,
Generando un brillante siglo de oro.

Ah... Que el despertar de la luz
Encienda todos nuestros corazones.
Iluminándolos uno a uno como lámparas inagotables—
Como diez mil millones de soles que se alumbran entre sí.
Que todos los desastres naturales y los causados por los humanos en tierra,
agua, fuego y viento se desvanezcan por siempre...
Que la felicidad y la iluminación sean la realidad de nuestras vidas.

Para que cuando reposemos en la dicha de la felicidad completa
Y seamos el modelo inspirador de un fulgurante gran amor,
Nos queramos más y queramos toda la vida y todas las cosas.
Nos desprendamos de nuestra codicia, ira,
ignorancia, arrogancia y sospecha.

Que el júbilo sea nuestro único corazón fiel.

Relejaos completamente.
Exhalad toda la energía desagradable del cuerpo.
Con la mente más confortable de todas, Sentaos en silencio y relajaos.
Que el placer de la respiración corra por nuestros cuerpos
Sin la mínima traza de presión en nuestra mente.
Inhalad el aire arco iris del universo.
La alegría surge de forma natural en nuestro espíritu claro y puro.
El ego, los demás, la tierra y todo en el universo están en armonía.
La luz de la felicidad se emite desde nuestros corazones y cuerpos.

Concentraos...
Imaginad a la persona a quien más cariño le tenéis ante vosotros
Y compartiendo con nosotros la mutua alegría
Para que la felicidad resuene y se multiplique sin fronteras.

Visualizad a nuestros seres queridos tan contentos
Que nuestro júbilo también crezca sin límites.
En cuantas más personas pensemos
Más poderosa se hará nuestra dicha,
Más y más fuerte como un remolino en el mar.

Concentraos...
Imaginad a desconocidos siendo muy felices.

Concentraos...
Imaginad a todos los seres compartiendo la misma alegría con nosotros.
Imaginad que todo el mundo comparte la misma alegría con nosotros.

Concentraos...
Dejad marchar todos los problemas y el odio.
Dejad marchar todos los dolores.

Ah... Todos estamos plenamente reconciliados.
Que crezca el poder de nuestra felicidad.

Concentraos...
Visualizad a aquellos que no nos gustan
En el lugar de la alegría y la perfección.
La profunda reconciliación es la fuente de todo júbilo.

Concentraos...
Concentraos...
Imaginemos la felicidad de todos los seres.
Imaginemos a nuestras familias y amigos totalmente felices.
Imaginemos a todas las personas en nuestra comunidad,
en nuestra ciudad y en nuestro país siendo muy felices.
Imaginemos a todas las personas del mundo e incluso a todas las
criaturas del mundo siendo muy felices.

Imaginemos todo el sistema solar e incluso el universo entero
lleno de felicidad.

La felicidad de estar presentes nos lleva a un estado sin
preocupaciones y de paz absoluta.
Observemos nuestro estado mental pasado
Y regulemos nuestros cuerpos y mentes pasadas a una condición perfecta.
Que nuestros cuerpos y mentes actuales sean más sanos y felices
Y, a la vez, nos conduzcan a un brillante futuro más feliz.

El momento en que sentimos la alegría sin límites,
Todo miedo y resentimiento desaparecen.
Todos los pensamientos son la paz eterna de la igualdad.

Om... Este es el poema del universo,
La más armoniosa rima del universo.

Cuando desaparece el ego, no encontramos enemigos.
Esa es la canción popular más sabia del universo,
Cantada de una punta a otra del cosmos
Fundiéndolo en la máxima armonía consumada.

Comprender que no hay enemigos
Es la tecla que hace sonar la melodía más profunda desde nuestro corazón al universo.
Es una sinfonía con nuestros corazones.
Es una sinfonía con nuestra respiración.
Es una sinfonía con nuestras venas.
Es una sinfonía con nuestros cuerpos.
Om... Om... Qué bello coro cantando en el corazón de todos,
En cada palmo de las montañas y los ríos.
Es la sinfonía de la tierra, el agua, el fuego, el aire y el corazón del universo.
Esta es la voz de la reconciliación eterna.

Es la eufonía de la mente infinita.
Es el coro del no-ego.
Es la tranquilidad de la felicidad interpretada por la sinfonía de la luz.

Concentraos... con el despertar de un corazón feliz.
Recemos por la paz y el júbilo.
Consigamos el más alto poder positivo que crea la felicidad para el mundo.
Que Taiwán, Asia, Europa, América,
África y todos los países y continentes de la Tierra
Se llenen de paz y de alegría sostenibles.

Guiemos la Nave Espacial Madre Tierra en busca de una nueva era espacial.
Que la conciencia sea la primera cultura de la Tierra.
Que la compasión y la sabiduría sean los ojos de la Madre Tierra
Protegiendo a todos los seres.
Purificad nuestros corazones...

Purificad nuestros corazones...

Recitemos con el más profundo sentir del alma.

Por siempre caminando por el sendero a la felicidad y a la iluminación sin obstáculos.

Por siempre logrando la definitiva vida iluminada con prosperidad.

¡Maravillosa! ¡Perfecta! Todo es pleno y auspicioso.

冥想 · 地球和平禱詞　俄文

Медитация Мир на Земле

Сосредоточьтесь...
С самым счастливым сердцем
Окажем наше глубочайшее почтение
Самому просвещенному из вселенной,
Чистоте последней истины
И святым, что идут по дороге к осуществлению.

Помолимся, чтобы благоприятный,
счастливый и блаженный свет осознанности
Освещал нашу Мать-Землю и все ее существа.
Чтобы вся боль угасла.
Чтобы Мать-Земля всегда была счастлива и здорова.

Пусть она станет ближе к Чистой Земле
И продолжит растить людей и существ,
Создавая яркий золотой век.

О... Пусть пробуждающий свет
Зажжет сердца всех нас.
Освещая одно за другим как бесконечный свет—
Как мириады солнц, сияющих друг другу.
Пусть исчезнут навсегда все природные и техногенные катастрофы земли,
воды, огня и ветра...
Пусть счастье и просвещение станут реальностью наших жизней.

Когда мы успокоимся в радости полного блаженства
И станем образцом гениальной, великой любви,
Мы будем нежно любить самих себя, и нашу жизнь, и всех существ.
Мы избавимся от алчности, гнева, неведения, высокомерия и сомнения.

Пусть только блаженство станет нашим истинным сердцем.

Полностью расслабьтесь.
Выдохните все неприятную энергию из тела.
В самом приятном состоянии ума сидите тихо и расслабляйтесь.
Пусть удовольствие от дыхания пройдет через наши тела
Без тени стресса в наших умах.
Вдохните воздух нашей вселенной, похожий на радугу.
Блаженство растет прямо внутри нашего чистого духа.
Мы, другие, земля и все во вселенной — в гармонии.
Свет радости исходит из наших сердец и тел.

Сосредоточьтесь...
Представьте, что человек, о котором мы больше всего заботимся,
стоит прямо перед нами
И разделяет общую радость с нами,

И радость отражается и умножается, не зная границ.
Представьте, что те, кого мы любим, так счастливы,
Что наше счастье тоже растет, не зная границ.
Чем больше мы представляем людей,
Тем сильнее наше радость будет расти,
Сильнее и сильнее, как морской водоворот.

Сосредоточьтесь…
Представьте, что все существа разделяют ту же радость с нами.
Представьте, что все в мире разделяет ту же радость с нами.

Сосредоточьтесь….
Отпустите все проблемы и всю ненависть.
Отпустите всю боль.
О…все полностью улажено.
Пусть сила нашего счастья растет.

Сосредоточьтесь...

Представьте, что люди, которых мы не любим,
Находятся в радости и совершенстве.
Полное примирение — источник общей радости.

Сосредоточьтесь...

Сосредоточьтесь...

Представим счастье всех существ.

Представим, что наши семьи и друзья абсолютно счастливы.

Представим, что все люди из нашего сообщества, нашего города,
нашей страны очень счастливы.

Представим, что все люди и даже все существа в мире очень счастливы.

Представим, что вся солнечная система и даже целая
вселенная наполнены счастьем.

Счастье быть в настоящем ведет нас к полной и спокойной благости.

Будем следить за нашим прошлым состоянием ума
И приведем наши прошлые тела и ум в идеальное состояние.
Пусть наши настоящие тела и ум будут здоровее и счастливее,
И приведут нас к яркому и счастливому будущему.

Когда безграничная радость наступит,
Все страхи и обиды исчезнут.
Каждая мысль — это бесконечное блаженство равенства.

Ом…это поэма вселенной,
Самый гармоничный ритм во вселенной.
Когда мы исчезнем, не может быть врагов.
Это будет самой верной народной песней во вселенной,
Которая поется от края до края вселенной,
Сочетаясь в самую совершенную гармонию.
Это понимание отсутствия врагов,

Которое издает глубокий мелодичный звук
из одного сердца во всю вселенную.
Это единое целое с нашими сердцами.
Это единое целое с нашим дыханием.
Это единое целое с нашими венами.
Это единое целое с нашими телами.
Ом...Ом... Какой прекрасный хор сердец,
Доносящийся до каждой горы и реки.
Это единое целое с землей, водой, огнем, воздухом и сердцем вселенной.
Это голос бесконечного примирения.

Это бесконечный благозвучный ум.
Это хор не нас самих.
Это спокойствие счастья, исполняемого симфонией света.
Сосредоточьтесь...с пробуждающимся сердцем счастья
Помолимся за мир и радость.

Устремим самые позитивные силы на создание счастья во всем мире.
Пусть Тайвань, Азия, Европа, Америка, Африка и все страны,
и континенты Земли
Будут наполнены нескончаемым миром и счастьем.

Направим космический корабль Мать-Земля в новую космическую эру.
Пусть осознанность станет главной культурой Земли.
Пусть сострадание и мудрость станут глазами Матери-Земли,
Присматривающими за всеми существами.

Очистим наши сердца ...
Очистим наши сердца ...
Читаем с самым глубоким восприятием души.
Всегда идти по дороге к счастью и просветлению без препятствий.
Навсегда достичь просветленной и процветающей жизни.
Прекрасно! Идеально! Все благоприятно и совершенно.

冥想・地球和平禱詞　印度文

अर्थ पीस मेडीटेशन

ध्यान दो.....

खुशी भरे दिल के साथ,

ब्राहमांड में एक पूरी तरह से जागरूक को,

अंतिम सच्चाई की पूर्ण चमक को

और जागरूकता के रस्ते पर बढ़ रहे संतों को

आओ अपनी गहन श्रद्धा दे।

अपनी पृथ्वी माँ और सभी प्राणियों को प्रज्वलित करने के लिये

शुभ, सुखदायक और सचेतन की आनंदमय रौशनी के लिये प्रार्थना करें।

सभी दर्दों से निजात पाओ।

आओ मां को सदा के लिये खुश और स्वस्थ करें।

एक रौशन सुनहरी सदी को पैदा करते हुए
आओ इसको एक सतत प्योरलेंड में उन्नत करें
और सभी मनुष्यों और प्राणियों का पालन करना जारी रखें।

आह... हमारे हर दिल को प्रबोधन
रौशनी से जगमग होने दो।
जैसे दसियों अरबों सूरज एक दूसरे पर प्रदीप्त हो रहे हों
एक के बाद दूसरे अंतहीन चिरागों को जगमग जगमग होने दो-
पृथ्वी, पानी, आग और पवन की सभी मानवनिर्मित और प्रकृतिक
तबाहियां सदा के लिये चली जायें....
खुशी और प्रबोधन को अपनी जिंदगियों की असलीयत बनायें।
तो जब हम पूर्ण परमसुख के आनंद में बैठ जाते हैं

और चमकदार महान प्यार के रोल माडल बनते हैं,

हम खुद को ज्यादा चाहते हैं और पूर्ण जीवन और सभी चीजों को चाहते हैं।

हम लालच, क्रोध, अज्ञान, घमण्ड और शक से निजात पाते हैं।

2परमानंद हमारा केवल सच्चा दिल बनें।

पूरी तरह से विश्राम में रहें।

अवांछित उर्जा को पूरी तरह से शरीर से बाहर निकालें।

सबसे अधिक आरामदायक मन से,

चुपचाप और आराम से बैठें।

हमारे दिमाग में दबाव के एक छोटे से भी निशान के बिना

हमारे शरीरों से सांस के दबाव को कम होने दें।

ब्राहमण्ड की हवा कि तरह इंदरधनुष को छोड़ें।

हमारी सपष्ट और शुद्ध भावना में प्रकृतिक तौर पर खुशी पैदा होगी।

स्वय, अन्य, पृथ्वी और ब्रहामण्ड में सबकुछ शांति में है।
हमारे दिलों और शरीरों से आनंद का प्रकाश उत्सर्जित होता है।

ध्यान दें...

व्यक्ति की कल्पना करें जिसको हम अपने सामने सबसे अधिक देखना चाहते हैं
और हमारे साथ आपसी खुशी को सांझा करते हैं
इस तरह कि आनंद प्रतिध्वनित हो और सीमाओं के बिना बढ़ता है।
अपने किसी प्यारे की कल्पना करके इतने खुश हो जाओ
कि हमारी खुशी भी बिना किसी सीमा के बढ़े।
जितने ज्यादा लोगों के बारे में हम सोचेंगे
उतना ही जबरदस्त हमारा आनंद पैदा होगा,
समुंद्र के भंवर के ज्यादा से ज्यादा ताकतवर

ध्यान दें...

बहुत खुश हो रहे पूरी तरह से अजनबी की कल्पना करें।

ध्यान दें...

सभी प्राणियों का हमारे साथ यहीं आनंद सांझा करने की कल्पना करें।

दुनिया में हरेक की हमारे साथ यहीं आनंद सांझा करने की कल्पना करें।

ध्यान दें...

सबी दुखों और नफ़रतों को छोड़ दें।

सभी पीड़ाओं को जाने दें।

आह.... सभी पूरी तरह से मेल-मिलाप कर रहे हैं।

आओ हमारी खुशी की शक्ति को बढ़ने दें।

ध्यान दें...

खुशी और पूर्णता की स्थिति पर

लोगों की कल्पना करें जिनको हम पसंद नहीं करते।

गहन सुलह सभी सुखों का स्रोत है।

ध्यान लगाओ...

ध्यान लगाओ...

सभी प्राणियों की खुशी को चित्रित करें।

हमारे परिवार और दोस्तों को पूर्ण खुश होने की कल्पना करें।

हमारे समुदाय, हमारे शहर और हमारे देश में सभी लोगों के खुश होने की कल्पना करें।

सभी लोगों और यहां तक कि दुनिया में सभी प्राणियों के खुश होने की कल्पना करें।

कल्पना करें कि सारा सौर मंडल और यहां तक कि सारा ब्रहामण्ड खुशी के साथ भरा हुआ है।

वर्तमान में खुशी होना हमारे लिये निश्चिंतता और पूर्ण खुशी कारण बनती है।

हमारे अतीत की मानसिक स्थिति का प्रेक्षण करें
और हमारे अतीत के शरीर और दिमाग को सपन्न स्थिति के साथ अनुकूलित करें।

आओ अपने मौजूदा शरीर और दिमाग को और अधिक स्वस्थ और खुश बनायें
और नतीजतन भविष्य को उज्जवल और खुश करने का कारण बनें।

पल जब निर्बाध आनंद पैदा होता है,
सभी डर और द्वेष अदृश्य हो जाते हैं।
हरेक विचार बराबरी की अनंत खुशी है।

ओम... यह ब्राहमण्ड की कविता है,
ब्राहमण्ड में सबसे लयबद्ध ताल है।
जब स्वय खत्म हो जाता है कोई शत्रु नहीं मिलता।

यह ब्राहमण्ड का सबसे सचाईपूर्ण लोक गीत बन जाता है,
सबसे अधिक उपभोग की जाने वाली एकता का मिश्रण करते हुए
जो कि दुनिया के एक कोने से दूसरे कोने में गाया गया है।

यह कोई दुश्मन न रखने की समझ है
जो ब्राहमण्ड के लिये किसी के दिल से सबसे गहरी मधुर आवाज है जो उत्पन्न होती है।
यह हमारे दिलों के साथ एक जुड़ाव है।
यह हमारे सांसों के साथ एक जुड़ाव है।
यह हमारी नसों के साथ एक जुड़ाव है।
यह हमारे शरीर के साथ एक जुड़ाव है।
पहाड़ियों और नदियों के हर इंच पर
ओम... ओम... कितना सुंदर समूहगान हर किसी के दिल से गाया जाता है।
यह पृथ्वी, पानी, आग, हवा और ब्राहमण्ड का जुड़ाव है।

यह अंदरूनी मेल मिलाप की आवाज है।

यह एक अनंत सुरिला मन है।
यह स्वय-शुन्य समूहगान है।
यह प्रकाश की सिंफनी से गाया गया खुशी का धैर्य है।

खुशी के प्रबुद्ध दिल के साथ ध्यान दें....
आओ शांति और आनंद के लिये प्रार्थना करें।
आओ दुनिया में खुशी का सृजन करने के लिये सबसे उच्च सकारात्मक शक्ति को हासिल करें।
आओ पृथ्वी पर ताईवान, एशिया, यूरोप, अमेरिका, अफ्रीका और सभी देश और महाद्वीपों
सतत शांति और खुशी के साथ भर जायें।

आओ नये स्पेस युग के लिये जाते हुए सपेसशिप मदर अर्थ का संचालन करें।

आओ चेतना को प्रथ्वी की मुख्य संस्कृति बनने दें।

आओ दया और बुद्धिमत्ता को सभी प्राणियों की देखभाल करने के लिये

मां पृथ्वी के आँखे बनायें।

अपने दिलों को शुद्धीकरण करें...

अपने दिलों का शुद्धीकरण करें...

आओ हम आत्मा की सबसे गहन संवेदना के साथ सुनें।

बिना रोक-टोक के खुशी और प्रबोधन के मार्ग पर सदा के लिये चलते जाना।

सदा के लिये समृद्धि के साथ परम प्रबुद्ध जीवन की प्राप्ति करें।

शानदार! उत्तम! सब कुछ पूर्ण और उत्तम है।

གཉེང་ཟབ་པའི་བློ། ཞི་བའི་ས་སྣང་རིལ་མོ།

ཡིད་གཅིག་སྟེ།
ཆེས་བདེ་སྐྱིད་དང་ལྡན་པའི་ཡིད་སེམས་མངའ་བའི།
འཛིག་རྟེན་ཁམས་ཀྱི་ཆེས་ཡོངས་གྲོལ་གྱི་རྟོགས་སད་པ།
དེ་ནི་མདོར་ན་འོད་སྣང་གི་བདེན་པ་དང་དངོས་སྣང་ཡིན་ལ།
ཟབ་ཅིང་མཐོ་བའི་གུས་བརྩི་དེ་ཕུལ་བ་ཡིན།

བཀྲ་ཤིས་པའི་གསོལ་འདེབས། དགའ་སྤྲོ། བདེ་སྐྱིད་ཀྱི་རྟོགས་པའི་འོད་སྣང་།
ཨ་ཅག་གི་མ་ཡུམ་གོ་ལའི་ཁྱོམས་སུ་ཁེབས་ཤིང་ཚེ་སྲོག་ཡོད་ཚད་ལ་དྲོ་ཁོལ་སྤྲིན།
སྡུག་བསྔལ་ཡོད་ཚད་དང་བྲལ་བར་གྱུར་ཏེ།
མ་ཡུམ་གོ་ལ་ནྲུམ་པོ་འདི་དགའ་སྐྱིད་དང་བདེ་ཐང་གིས་ཁྱབ།
ཡུན་ནས་ཡུན་དུ་དག་གཙང་གི་ཞིང་ཁམས་ཤིག་དང་།
སུ་ནས་སུན་དུ་འགྲོ་བའི་རིགས་ཡོངས་འཚར་ལོང་ཡོང་བའི།
ང་ཚོས་མཉམ་དུ་ཇོགས་ལྡན་འོད་སྟོང་འབར་བའི་དུས་རབས་གསར་བ་དེ་བསྐྲུན།

ཨོཾ། རྫོགས་སད་ཀྱི་འོད་སྣང་།
ང་ཚོ་མི་རེ་རེའི་སེམས་སུ་སྦར།
རྫོགས་མཐའ་མེད་པའི་མར་མེ་ཆེ་འབར་བཞིན།
ཉིན་བྱེད་ཕྲག་བརྒྱའི་འོད་སྣང་ཕྱོགས་སུ་བསྡུས་ལྟར།
ས་ཆུ་མེ་རླུང་གི་འབྱུང་བཞི་འཁྲུག་པ་དང་།
མི་སྲིན་བསམ་སྦྱོར་ངན་པའི་ལས་ཀུན་ཆག་ནས་འཛོམས་པར་འཚལ།
བདེ་བ་དང་རྫོགས་སད་ང་ཚོའི་ཚེ་སྲོག་གི་སྙིང་ནོར་དུ་གྱུར་ཅིག

དེར་བརྟེན། ང་ཚོས་བདེ་བའི་འཛུམ་བརྒྱ་གྲོལ་བའི་སྐབས་སུ།
འོད་སྣང་གི་བྱམས་བརྩེ་ནི་བདེ་བའི་དཔེ་མཚོན་རེད།
ང་ཚོས་རང་ཉིད་ལ་གཅེས་སྤྲས་དང་། སྐྱེ་དགུའི་སེམས་ཅན་ཀུན་ལ་ལྷག་ཏུ་གཅེས་པར་མཛོད།
རང་ཉིད་ཀྱི་འདོད་ཆགས་དང་ཁྲག་དོག གཏི་མུག་དང་ང་རྒྱལ། ཞེ་སྡང་སོགས་རྒྱང་དུ་བསྐྱུར་ཏེ།
བདེ་དགའ་དེ་རང་ཉིད་ཀྱི་བློ་སེམས་གཅིག་ཏུ་ཐིམ་ཤོག

སྙོད་གཡེང་དུ་གནས་ཏེ།
ལུས་སེམས་གཉིས་ལས་མི་བདེ་བ་ཕྱིར་ཐུ་སྐྱུགས།
སེམས་ཁམས་བདེ་པོ་དང་།
བདེ་ལྡན་སྙོད་གཡེང་གིས་སར་བསྡད་དེ།
བདེ་དགའི་དབུགས་རླུང་ལུས་སུ་སྣོམ།

སེམས་སུ་ཉ་ཉོག་ཅི་ཡང་མེད་པར།
སྣང་སྟོང་འཛིན་མེད་ཀྱི་དབྱིངས་རུམ་ནས་འཇའ་ཚོན་བཞིན་བཀྲ་བའི་དབུགས་རླུང་དེ་རྔུབས་ཤིག
དྭངས་གཙང་གི་སེམས་ཁམས་ལས་རང་བཞིན་གྱིས་མངར་ཞིང་མཛེས་པའི་བདེ་འཛུམ་བྱུང་།
རང་དང་གཞན། གོ་ལ་ཟླུམ་པོ། འཛིག་རྟེན་ཁམས་ཀྱི་སྐྱེ་དགུའི་ཡོད་ཚད་རང་བཞིན་གྱིས་ཕན་དང་བདེ་བའི་ཁྱབ་ངེས།
ལུས་སེམས་གཉིས་ལས་བདེ་བའི་འོད་སྣང་འཕྲོ།

ཡིད་གཅིག་སྟེ།
རང་ཉིད་ཆེས་དགའ་བའི་མི་དེ་མདུན་དུ་ཡོད་པ་བཞིན་སེམས་སུ་སྒོམས།
ཕན་ཚུན་བདེ་བའི་ཁེངས་པ་དང་། བདེ་འཛུམ་ལྷུག་པོར་གྲོལ་བ།
སྙིང་ཉེ་བའི་མི་རྣམས་བདེ་དགའ་ཁེངས་པ་སེམས་སུ་སྒོམ་དང་།
རང་ཉིད་ཀྱི་བདེ་བའང་བསམ་གྱིས་མི་ཁྱབ།
བདེ་བའི་ནུས་སྟོབས་རྒྱ་མཚོའི་ཀློང་བཞིན་འཇགས་ཐབས་བྲལ།

ཡིད་གཅིག་སྟེ།
རང་གིས་ངོ་མི་ཤེས་པའི་མི་རྣམས་ཀྱང་བདེ་བའི་ཁྱབ་གྱུར་པའི་སེམས་པ་སྒོམ་ཤིག

ཡིད་གཅིག་སྟེ།
ཐ་དད་པའི་ཚེ་སྲོག་ཡོད་ཚད་ཁུ་ཅག་རང་ཉིད་བཞིན་བདེ་བའི་སེམས་པ་སྒོམ་ཤིག
སྐྱེ་དགུའི་འགྲོ་བ་ཡོད་ཚད་ཁུ་ཚོ་དང་འདྲ་བར་བདེ་བ་དང་ལྡན་པར་ཤོག

ཡིད་གཅིག་སྙེ།
དགའ་སྡུག་དང་འཁོན་སེམས་ཡོད་ཚད་ཞི་བར་མཛོད།
སྡུག་བསྔལ་ཡོད་ཚད་དང་བྲལ་བར་མཛོད།
ཨོཾ། འགྲིག་ཅིང་མཐུན་པར་གྱུར།
ཨུ་ཅག་གི་བདེ་དགའི་ནུས་སྟོབས་རྒྱས་པར་གྱུར།

ཡིད་གཅིག་སྙེ།
ཨུ་ཅག་གི་དགྲ་ཟླ་ཡོད་ཚད་སེམས་སུ་སྨོས།
དེ་དག་བདེ་ལྡན་གྱི་ཞིང་ན་གནས་པ་དང་།
གཉིང་ཟབ་པའི་འགྲིག་ཅིང་མཐུན་པའི་ལས་འདི། བདེ་བ་ཡོངས་ཀྱི་འབྱུང་གཞི་ཡིན།
ཡིད་གཅིག་སྙེ།
ཡིད་གཅིག་སྙེ།
ང་ཚོས་ཚེ་སྲོག་ཡོད་ཚད་ལ་མཉམ་དུ་བདེ་ཞིང་སྐྱིད་པའི་སེམས་པ་སྨོན་རོགས།
རང་གི་སྙིང་ཉེ་བའི་མི་དང་། མཛའ་བཤེས་ཚོགས་བདེ་སྐྱིད་དང་ལྡན་པར་སྨོས།
རང་ཉིད་གནས་སྡོད་བྱེད་སའི་ཡུལ་ཚོ་དང་། མངའ་སྡེ། རྒྱལ་ཁབ་ཀྱི་མི་སེར་རྣམས་བདེ་ཞིང་སྐྱིད་པར་སྨོན་རོགས།
ཨེ་ཤ་ཡའི་མི་དང་། འཛམ་གླིང་སྟེང་གི་མི། གཞན་ཚེ་སྲོག་ཡོད་ཚད་ཤིན་ཏུ་བདེ་ཞིང་སྐྱིད་པར་སྨོན་རོགས།
ཉི་མའི་ཁྱིམ་བརྒྱད་ཡོངས་དང་། འཛམ་རྟེན་གྱི་ཁམས། མུ་མཐའ་བྲལ་བའི་གཞལ་དབྱིངས་ཀུན་ལ་བདེ་བ་ཁྱབ་པར་ཤོག
དེང་གི་བདེ་བས་ང་ཚོའི་བདེ་ལྡན་སྟོད་འཛམ་དང་བདེ་སྐྱིད་ཀུན་སྣ་ཚ་དྲངས།

ང་ཚོའི་སྔར་སོང་གི་སེམས་ཁམས་དེར་ཕྱིར་རྟོག་ཅིག་བྱས་ཏེ།
ང་ཚོའི་འདས་ཟིན་པའི་ལུས་སེམས་དེ་སྙོམ་སྒྲིག་ཡང་དག་བྱ།
དེ་ལས་ང་ཚོའི་ད་ལྟའི་ལུས་སེམས་དེ་ལྷག་ཏུ་བདེ་ཐང་དང་བདེ་བས་ཁྱབ་ངེས།
ང་ཚོའི་མ་འོངས་མདུན་ལྗོངས་ཀྱི་སྣེ་དྲངས་ནས་བདེ་སྐྱིད་ཀྱི་འོད་སྣང་གིས་ཁེབས་པར་གྱུར་ཅིག

དེར་བརྟེན། དགའ་སྤྲོ་དཔག་མེད་སྐྱེ་བའི་ཚེ་ན།
ད་ནི། ང་ཚོའི་འཇིག་དངངས་དང་། འཁོན་འཛིན་གྱི་སེམས་ཁམས་དེ་རྩ་བ་ནས་བཅད་དེ།
སེམས་བྱུང་ཡོད་ཚད་འདྲ་མཉམ་མཐའ་ཡས་པའི་བདེ་བའི་མཆོག་ཏུ་བལྷམས།

ཨོཾ། འདི་ནི་འཇིག་རྟེན་ཁམས་ཀྱི་སྨན་ཆོག་ཅིག
ཆེས་ཕན་བདེ་ཅན་གྱི་འཇིག་རྟེན་ཁམས་ཀྱི་སྨན་ངག
རང་ཉིད་རོ་དང་བྲལ་བར་གྱུར་ཅོ། དགྲ་མེད་ལ།
འཇིག་རྟེན་འདིའི་ཆེས་བདེན་གྲུབ་གྱི་དམངས་གཞས་ཤིག་ཏུ་གྱུར་ངེས།
འཇིག་རྟེན་གྱི་འདི་ངོགས་ནས་རྒྱུད་ནས་རྒྱུད་དུ་གླུ་གདངས་འདིས་ཁྱབ་ངེས།
ཕན་བདེ་ནི་ཆེས་ཡོངས་གྲུབ་ཀྱི་མཉམ་དཀྱིལ་གདངས་དབྱངས་སུ་གྱུར་ངེས།

དགྲ་བོ་མེད།
རང་ཉིད་རང་གི་སེམས་དང་བཅས་འཇིག་རྟེན་རྒྱལ་པོ་ལ།
ཆེས་བརྗོད་ཅིང་ཛམ་པའི་ཕན་བདེའི་ང་རོ་བསྒྲགས་བཞིན།

རང་ཉིད་ཀྱི་སེམས་དང་དབུགས་ཀྱི་རྒྱུ་བ་དང་མཉམ་དུ།
རང་རྩུགས་དང་། ལུས་ཕུང་དང་མཉམ་དུ།
དེ་ནས། ཨོཾ་···ཨོཾ་ཞེས་སྔན་འཛེབས་ཀྱི་གདངས་དང་བཅས།
གཞན་གདངས་དེ་མི་རེ་རེའི་སེམས་སུ་བཏང་། རི་ཆུ་ཕྲུག་བརྒྱའི་ཁོད་དུ་བཏང་།
ས་ཆུ་མེ་རླུང་། སྟོང་པའི་ཁམས་དང་སེམས་ཀྱི་ཁམས་ཀྱི་འཇིག་རྟེན་ཡོངས་ལ་མཉམ་དུ་བསྒྲགས།
འདི་ཡུན་བརྟན་གྱི་ཞི་བའི་སྒྲ་དབྱངས་ཤིག་ཡིན།

ནམ་ཡང་ཕན་བདེ་དང་ལྡན་པའི་སེམས། བདག་མེད་ཀྱི་གདངས་དབྱངས་ཤིག
འོད་སྣང་གིས་དཀྱིལ་བའི་མཉམ་སྒྲོག་རོལ་མོ་ཤིག་གིས་འཛམ་ཞིང་མཉེན་པའི་བདེ་བ་དེ་ཡིན།

ཡིད་གཅིག་སྟེ། བདེ་སྐྱིད་དང་ལྡན་པའི་རྟོགས་སད། སེམས་ཀྱི་གཏིང་རིམ་ནས་འཁྲུངས་པའི་གསོལ་འདེབས།
ཞི་བའི་སྨྲོ་དབྱངས།
ང་ཚོར་ཕྱི་ནང་མེད་པའི་འོད་སྣང་གི་ནུས་སྟོབས་དེ་མངའ་བས་སེམས་ཅན་ཐམས་ཅད་བདེ་སྐྱིད་ལྡན་པར་བྱ།
ཐེ་ཕྱན་དང་ཡཱ་གླིང་། ཨོའུ་གླིང་། སྣེ་གླིང་། ཧྲེ་གླིང་དང་བཅས་པའི་རྒྱལ་ཁམས་དང་།
བསྐྱུད་འགྲོས་ཀྱི་མི་ཡུལ་འཚོ་མེད་བདེ་བའི་ཁྱབ་པ་ཤོག

ང་ཚོས་གོ་ལ་ཀླུམ་པོ་བར་སྣང་གི་གྲུ་གཟིངས་འདི་སྐྱེ་དྲུངས་ནས་སྟོང་ཡས་ཁམས་གསར་པ་ཞིག་གི་དུས་རབས་ལ་ཆས་འགྲོ།
རྟོགས་སད་ཀྱི་ཉམས་ལེན་འདི་སའི་གོ་ལའི་རིག་གནས་ཀྱི་དཀྱིལ་སྙིང་དང་། བྱམས་བརྩེ་དང་ཤེས་རབ་མ་ཡུམ་གོ་ལའི་འདྲེན་བྱེད་མིག་ཏུ་གྱུར་པར་བྱ།

ཚེ་སྲོག་ཡོད་ཚད་ལ་གཅེས་པར་མཛོད་ཅིག

དྭངས་སེམས། དྭངས་སེམས།
ང་ཚོས་མཉམ་དུ་ཁ་ལ་འདོན་བཞིན། སེམས་པའི་ཆེས་ཟབ་ས་ནས་བྱུང་བའི་སེམས་ཚོར་དེ།
ནམ་ཡང་། རྟོག་པའི་སངས་རྒྱས་ཀྱི་གོ་འཕང་བདེ་བ་དང་ལྡན་པའི་ལམ་དེར་བགེགས་མེད་འགོག་པ་མེད་པར་ཤོག
ནམ་ཡང་། མི་ཚེ་གང་པོར་བདེ་བ་ཁྱད་པར་ཅན་གྱི་བླ་ན་མེད་པའི་རྟོག་པའི་ཁྲི་འཕང་མཐོན་པོར་གཞེགས་པར་ཤོག
དགེའོ། ཕུན་སུམ་ཚོགས་པ། ཐམས་ཅད་ཕུན་སུམ་ཚོགས་པ། བཀྲ་ཤིས་པའི་སྨོན་ལམ་འདེབས།

幸福地球系列5

冥想・地球和平

作　　者　洪啓嵩
畫作墨寶　洪啓嵩
執行編輯　蕭婉甄、莊涵甄
美術編輯　吳霈媜、張育甄
出　　版　覺性地球文化事業有限公司
訂購專線：(02)2913-2199
傳真專線：(02)2913-3693
發行專線：(02)2219-0898
E-mail:EEarth2013@gmail.com
http://www.buddhall.com
門　　市　新北市新店區民權路95號4樓之1（江陵金融大樓）
門市專線：(02)2219-8189
行銷代理　紅螞蟻圖書有限公司　電話：(02)2795-3656
台北市內湖區舊宗路二段121巷19號
製　　版　瑞豐實業股份有限公司
初版一刷　二〇一八年三月
定　　價　新台幣三八〇元
ISBN 978-986-90236-6-5（平裝）

Published by Enlightening Earth
Cultural Enterprise Co.,Ltd.